DICAS DE UM PAI DE SANTO

SABERES, MANDINGAS E PRECES PARA TODAS AS HORAS

PAI PAULO DE OXALÁ

⇒ DICAS DE UM ⇐
PAI DE SANTO

SABERES,
MANDINGAS E PRECES
PARA TODAS AS HORAS

1ª edição

BB
BERTRAND BRASIL

Rio de Janeiro | 2020

EDITORA-EXECUTIVA
Renata Pettengill

SUBGERENTE EDITORIAL
Marcelo Vieira

ASSISTENTE EDITORIAL
Samuel Lima

ESTAGIÁRIA
Georgia Cardoso

PREPARAÇÃO DE ORIGINAIS
Adriana Fidalgo

REVISÃO GRAMATICAL
Caíque Gomes

CAPA
Letícia Quintilhano

PROJETO GRÁFICO E COMPOSIÇÃO DE MIOLO
Renata Vidal

CIP-BRASIL. CATALOGAÇÃO NA PUBLICAÇÃO
SINDICATO NACIONAL DOS EDITORES DE LIVROS, RJ

O98d

Oxalá, Paulo de
    Dicas de um pai de santo : saberes, mandingas e preces para todas as horas / Paulo de Oxalá. - 1. ed. - Rio de Janeiro : Bertrand Brasil, 2020.

ISBN 978-85-286-2457-1

1. Candomblé - Rituais. 2. Cultos afro-brasileiros. I. Título.

20-63056
                                                           CDD: 299.67
                                                           CDU: 259.4

Meri Gleice Rodrigues de Souza - Bibliotecária CRB-7/6439

Copyright © Paulo Guerreiro Braga, 2020

Texto revisado segundo o novo Acordo Ortográfico da Língua Portuguesa

2020
Impresso no Brasil
Printed in Brazil

Todos os direitos reservados. Não é permitida a reprodução total ou parcial desta obra, por quaisquer meios, sem a prévia autorização por escrito da Editora.

Direitos exclusivos de publicação em língua portuguesa somente para o Brasil adquiridos pela: EDITORA BERTRAND BRASIL LTDA.
Rua Argentina, 171 – 3º andar – São Cristóvão – 20921-380 – Rio de Janeiro – RJ
Tel.: (21) 2585-2000 – Fax: (21) 2585-2084
Atendimento e venda direta ao leitor: sac@record.com.br

SUMÁRIO

7 AGRADECIMENTOS

9 PREFÁCIO

11 APRESENTAÇÃO

13 OS ORIXÁS

49 ENTIDADES

57 MAGIA DOS ORIXÁS

195 MAGIA DAS ENTIDADES

213 DICAS PARA CADA MÊS

221 ORAÇÕES

231 GLOSSÁRIO

237 SOBRE O AUTOR

AGRADECIMENTOS

Meu primeiro agradecimento é direcionado a Oxalá e a Oxum, Orixás nos quais sou iniciado, e também a todos os Orixás que nos inspiraram na elaboração deste livro. Agradeço também aos mestres espirituais Tranca-Ruas de Embaré e Caboclo Boiadeiro Navizala, guardiões do meu dia a dia. A minha esposa Rosa de Yansã, grande incentivadora. Aos meus filhos: Bruno, Amanda e Paulo Júnior, que sempre estiveram ao meu lado na assessoria técnica. Aos muitos leitores e seguidores de minhas colunas em jornais, revistas e outros meios de comunicação, que sempre me pediram um trabalho como este. Vocês foram o estímulo fundamental para a conclusão desta obra, que atende a um público que deseja algo simples e direto.

PREFÁCIO

Pai Paulo de Oxalá me foi apresentado pelo radialista Antonio Carlos — que tinha um programa matinal de grande audiência na Rádio Globo —, nos primeiros meses de 2005. Eu dirigia o núcleo de jornais populares do Grupo Globo, e uma das páginas mais lidas era justamente sobre as previsões, não só a dos astros. Diferente dos demais jornais, que ofereciam horóscopo diário a seus leitores, os nossos traziam previsões também do Tarô, da Cabala, dos Búzios, e Pai Paulo passou a assinar uma página num dos jornais do Grupo e também na Internet.

Ficou claro para todos nós da redação, logo nos primeiros contatos, seu profundo conhecimento das religiões de matriz africana, seus ritos e mistérios. Para os leitores também. E sua rara capacidade de traduzir a cultura dos Orixás para o universo do cidadão comum, além de oferecer orientações e conselhos bem práticos, a partir da sabedoria milenar, acumulados pela linhagem de Pais e Mães de Santo, da qual faz parte como legítimo representante.

Sempre admirei sua seriedade na abordagem da religião e do que dela pode ser usado para melhorar o dia a dia de cada um, seja através de um conselho objetivo, de uma oração, de uma receita de infusão a base de ervas da natureza ou ainda de uma reflexão. Tudo de forma simples, sem pirotecnias ou truques - infelizmente tão comuns no charlatanismo que tangencia a maioria das religiões.

Pai Paulo também jamais se furtou a saciar a curiosidade da turma da redação e, principalmente, da legião de leitores e internautas que o acompanhavam com atenção, respeito e reverência por sua postura extremamente digna e respeitosa diante de sua fé e das demais religiões, num momento de tantas desavenças e perseguições.

Jamais o vi tentando convencer ou converter alguém. Mas não foram poucas as vezes que ouvi Pai Paulo reiterar o caráter complementar das religiões e o que devemos fazer para extrair o que há de bom em todas elas. Nesse sentido, o Candomblé, nos mostra Pai Paulo, é uma religião totalmente inclusiva, que aceita indistintamente os que a ela recorrem ou pretendem recorrer.

Tenho certeza de que este livro será tão útil como são os contatos e as conversas com Pai Paulo ao longo de todos esses anos, quando nos mostrou que o mal está no ser humano, jamais na prática religiosa. E que para afastar o mal é preciso melhorar o homem. O Candomblé faz sua parte nisso, ao buscar a harmonia entre o homem e a força da natureza, base dos cultos de matriz africana.

E é exatamente esse o seu papel. Que todos façam o melhor uso deste livro, através da sabedoria de Pai Paulo, adquirida e desenvolvida ao longo de tantos e tantos anos. Aliás, ele consegue a proeza de unir em sua certidão de batismo no Candomblé três nomes sagrados: Pai, Paulo (o apóstolo) e Oxalá. Axé!

Bruno Thys

APRESENTAÇÃO

Por vivermos em um mundo globalizado, onde tudo acontece numa rapidez extraordinária, o tempo torna-se cada vez mais valorizado e precioso. Por isso decidi ajudar as pessoas, por meio de inúmeras pesquisas e de experiência própria, com dicas simples, eficazes e diretas para os mais variados tipos de magia.

Essas dicas foram retiradas de trabalhos realizados com muita responsabilidade e sabedoria, ao longo dos meus 43 anos no culto afro-brasileiro.

Além das dicas, os Orixás são descritos aqui de um modo bem coloquial, sem comprometer a essência africana. Sendo assim, seus nomes foram aportuguesados para a melhor compreensão dos leitores.

Inspirado em todos esses anos da benevolência e amparo que a mim foram dados pelos Orixás, fui agraciado pela alegria e intuição na criação de cada singela prece, com o intuito de auxiliar a todos nas suas aflições e, também, facilitar a comunicação com o sagrado.

Espero que esse livro sirva não só como fonte de consulta diária, mas também como inspiração para outras obras.

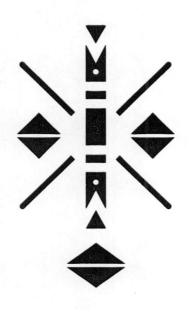

OS ORIXÁS

OS ORIXÁS

Os Orixás são divindades africanas que representam as forças vitais da natureza: água, terra, fogo e ar. Interagindo com Deus e os homens, os Orixás possuem características que se manifestam por meio de ações e emoções. Eles dominam também atividades humanas como caça, pesca, colheita, gastronomia e, no mundo atual, até a tecnologia, como é o caso de Ogum. Seus ritos, como a utilização das ervas litúrgicas e medicinais, e suas oferendas, são acompanhados de um conjunto de cânticos e rezas. As cores utilizadas em suas vestes, fios de contas e paramentos simbolizam o equilíbrio entre o material e o sagrado.

No Brasil, quando o Candomblé foi organizado, a repressão político-religiosa fez com que se associassem os Orixás a santos católicos, o que resultou no sincretismo religioso. Com a atual liberdade religiosa, no entanto, o sincretismo não se faz mais necessário no Candomblé. Babalorixás e Ialorixás oriundos da Umbanda, porém, conservam o sincretismo, já que na Umbanda ele é o resultado da fusão cultural, africana, indígena, católica e espírita.

Seguem relacionados abaixo os Orixás abordados neste livro com as respectivas correlações com os santos católicos

Exu – Santo Antônio
Ogum – São Jorge (no Rio de Janeiro) e Santo Antônio (na Bahia)
Oxóssi – São Sebastião (no Rio de Janeiro) e São Jorge (na Bahia)
Ossaim – São Benedito
Obaluaiê – São Roque
Omolu – São Lázaro
Oxumarê – São Bartolomeu
Oxum – Nossa Senhora da Conceição, Nossa Senhora de Candeias e Nossa Senhora Aparecida
Logun Edé – Santo Expedito
Xangô – São João Batista e São Pedro
Iansã – Santa Bárbara
Obá – Joana D'Arc
Euá – Santa Luzia
Iemanjá – Nossa Senhora da Glória e Nossa Senhora dos Navegantes
Nanã – Nossa Senhora de Sant'Anna
Iroko – São Pedro Nolasco
Ibeji – São Cosme e São Damião
Oxalá – Nosso Senhor do Bonfim

EXU (Èṣù)

Fiscal de Olodumarê (Deus), Exu é o responsável pela conduta humana na Terra, é o mensageiro dos Orixás e senhor dos caminhos. É o Orixá que rege os instintos humanos. É ele que permite o prazer no amor, regendo a fertilidade e a libido.

Por ser mensageiro e executor das leis divinas, Exu tem o privilégio de receber suas oferendas antes dos outros Orixás, assegurando, assim, o bom resultado das causas materiais.

Vestindo-se de vermelho, preto e estampado, Exu tem como dia principal de culto a segunda-feira e aceita de boa vontade tudo o que lhe oferecem, porém tem predileção por padê de dendê com bife e aguardente. Sua saudação é *Láaròyè Èṣù!* e dança ao toque do *Jiká* e do *Adabí*. Uma de suas ervas é o hortelãzinho que é usado para limpeza/descarrego. Seu símbolo é o ogó (bastão que representa o sexo masculino).

Exu é o Orixá da comunicação. Atividades ligadas à palavra escrita e falada, conhecimento, ensino, palestras e seminários, jornalismo, informação, literatura, editoração, publicidade, marketing, multimídia, rádio e TV, locução, turismo, eventos e relações públicas têm a sua proteção.

Mesmo estando ligado às causas materiais, Exu responde mais rápido às magias e ebós relacionados a amor, trabalho, dinheiro, mudanças e perseguições. Para se obter resultados eficazes, devemos trabalhar com seus números principais: 1 e 7, além de lhe oferecer, dentro das possibilidades, o melhor charuto, cigarro, bebida, frutas, para que Exu fique contente e responda a nosso apelo.

Na vibração do Orixá Exu, as Pombagiras são entidades femininas da Umbanda, cuja característica principal é a sexualidade e a sensualidade.

As pessoas regidas pelo Orixá Exu estão ligadas à revolução e inovação. Possuem grande poder de argumentação e manipulação, conseguindo mudar a opinião de pessoas mais difíceis. Por terem várias ideias simultaneamente, às vezes, ficam confusas e agitadas, perdendo o foco do que é mais importante naquele momento. Grande poder de realização, em que o "não" recebido serve de incentivo de superação. Por outro lado, são impacientes e não gostam de julgamentos. De pavio curto, os desentendimentos e pequenas discussões já fazem parte da sua rotina.

OGUM (ÒGÚN)

É senhor do ferro e da guerra. Em iorubá, a palavra "Ògún" significa luta e guerra. Ogum domina as retas dos caminhos e protege os ferreiros, maquinistas de trem, aviadores, motoristas de ônibus, automóveis, caminhões, tratores, armeiros, militares, toda a indústria, tecnologia e todos que trabalham com qualquer material feito de ferro ou seus derivados.

Ligado à força e ao poder, Ogum rege o impulso e a coragem humana. Sem a ousadia de Ogum, o ser humano não alcançaria o progresso.

No Candomblé, usa as cores azul-marinho e verde, e na Umbanda, vermelho, branco e verde. Cores ideais para conseguir emprego, vencer lutas e conquistar objetivos. Seu símbolo é a *adá* ou ida, representando "luta com vitória", e seu dia principal de culto, a terça-feira. Sua oferenda favorita é o inhame regado com mel de abelha e azeite de dendê. Sua saudação é *Ògún ye!* e dança ao toque do *Jiká*.

Ogum é o senhor de todos os metais. Atividades ligadas a medicina (cirurgia – o bisturi pertence a Ogum), comando, polícia, militarismo, gestão estratégica, defesa, máquinas, mecânica, metalurgia, mineração, soldagem, segurança no trânsito, engenharia, tecnologia, aviação civil, indústria, esportes, artes marciais, lutas em geral e transportes têm a sua proteção.

Ogum favorece os assuntos ligados a demandas judiciais, polícia, emprego e tudo o que for relacionado a disputas. Em suas magias ou *ebós*, devemos trabalhar com os números 3 e 15 e usar a erva eucalipto para a abertura de caminhos.

As pessoas regidas por Ogum são lutadoras em sua essência. Não desistem, por mais que a fase esteja bem complicada e sufocante. Bem determinadas, estão sempre em atividade em busca de soluções. De uma coragem ímpar, não se prendem aos limites impostos. Seu lado impulsivo e por não considerar a opinião de terceiros é que faz com que percam o controle de algumas situações. A falta de concentração também atrapalha a conclusão de projetos já iniciados. Grandes líderes que trabalham com críticas abertas.

OXÓSSI (Òşóòsí)

Orixá caçador, senhor da floresta e protetor dos caçadores. É o responsável pela colheita dos alimentos e por sua divisão entre os homens. Uma das características de Oxóssi é a facilidade de expressão, por isso protege, em parceira com Exu, a publicidade e a comunicação. Profissões que exijam criatividade como escritores, atores, locutores, músicos, pintores, desenhistas e escultores também estão sob sua proteção.

No Candomblé, veste-se de verde e azul-turquesa, e na Umbanda, usa o verde. Essas cores atraem boa sorte em jogos, prosperidade e fartura. Seu símbolo é o *ofá* (arco e flecha), que representa "exatidão". Seu dia principal de culto é a quinta-feira. Gosta de receber, como oferenda, o *axoxô*: milho vermelho cozido, enfeitado com lascas de coco. Sua saudação é *Oke aro!* e dança ao toque do *Àgèrè*.

Atividades ligadas a alimentação, nutrição e culinária, questões relacionadas a casa, moradia, propriedades, arquitetura, construção, cenografia, história, cargos públicos, política, assessoria, agronegócios e veterinária têm a sua proteção.

Assuntos ligados a dinheiro, estudos, viagens e amor são influenciados por suas magias, que garantem resultados rápidos e seguros. Para as magias de Oxóssi utilizamos os números 4 e 6 e a erva araçá, que proporciona equilíbrio mental.

As pessoas regidas por Oxóssi são bem cautelosas. Gostam de estudar a situação antes de tomar uma decisão. Por estarem em constante movimento, gostam de mudanças e novidades. Embora sejam nervosas e, às vezes, inseguras, o raciocínio rápido aliado à intuição trazem o equilíbrio na hora crítica. Apesar de priorizar a liberdade e serem bem acolhedores, não gostam de expor a intimidade. São sagazes e pioneiras. Perdem a paciência com os que não acompanham o seu raciocínio. Momentos egoístas acabam afastando pessoas importantes do seu ciclo de amizade e confiança.

OSSAIM (Ọ̀SÁNYÌN)

Orixá das plantas e ervas medicinais. Apesar de cada Orixá possuir as próprias ervas, somente a Ossaim cabe o conhecimento do segredo de cada uma, por isso é considerado o médico dos Orixás. Ossaim protege os médicos, enfermeiros, acupunturistas, jardineiros, paisagistas e artesãos.

As cores de Ossaim são o verde e o branco, que servem para aguçar a intuição e descobrir assuntos ocultos. Seu dia principal de culto é a quinta-feira. Uma de suas oferendas prediletas é o favo de mel de abelha, com lascas de fumo de rolo por cima. Seu símbolo, *Igi irin*, é uma haste de ferro com um pássaro pousado no centro, rodeada por outras seis hastes com folhas nas pontas simbolizando os galhos de uma árvore e seus mistérios. Sua saudação é *Ewé o asà!* e dança ao toque do *Àgèrè* sincopado e do *Ìjèṣà* (ritmo sagrado). O número de Ossaim é 14, e a erva utilizada para as magias é o café.

Profissões como cientistas, pesquisadores, médicos, farmacêuticos, hematologistas, químicos e biólogos; atividades ligadas a jardinagem, paisagismo, agroecologia, natureza, agricultura, plantas e animais têm a sua proteção.

Por ser grande conhecedor dos segredos das plantas, as magias de Ossaim são poderosas e eficazes. Suas magias se aplicam aos assuntos de saúde, amor e negócios. Também é invocado para desvendar mistérios e concretizar desejos extraordinários.

As pessoas regidas por Ossaim são protetoras e bem amáveis. Gostam de ajudar os outros. Muito detalhistas, pesquisam e refletem muito antes de opinar sobre qualquer assunto que seja. São discretas e fogem de fofoquinhas e confusões. Pela calma e neutralidade, são sempre procuradas para dar conselhos. Por outro lado, são práticas e meticulosas quando o assunto é de interesse próprio. O medo de falhar e a frustração são obstáculos frequentes a serem superados, pois prejudicam seu progresso profissional.

OBALUAIÊ/OMOLU (ỌBALÚWÁIYÉ / ỌMỌLU)

Obaluaiê, ou Omolu na forma idosa do Orixá, está relacionado com a terra, por isso é chamado de Rei e Senhor da Terra. Está associado às pestes e às doenças contagiosas, consequentemente conhece a cura de todas elas.

Dança o *Ọpanijẹ* empunhando o *xaxará* (feixe de palhas e búzios). É o dono dos búzios que servem de instrumento divinatório usado pelos Babalorixás e Ialorixás. Obaluaiê usa o preto e vermelho para equilibrar o intelecto e atrair notoriedade. Já Omolu usa preto e branco para aumentar a resistência diante das doenças e acentuar a dedicação e a generosidade. Usa um capuz de palha da costa denominado, nos Candomblés *Ketu*, de *filá*, e nos de *Jeje*, de *azê*.

Seu dia principal de culto é segunda-feira, e sua oferenda mais apreciada é o *doburu*. Sua saudação é *Atóto!* e seu número é o 7. Sob a vibração de Obaluaiê, a erva quebra-pedra é usada para a saúde. Já no caso de Omolu, a erva mamona é usada para *ebós*.

Atividades ligadas a saúde, higiene, nutrição, enfermagem, dermatologia, administração de hospitais, serviço de saúde, odontologia, medicina veterinária, reumatologia, fisioterapia, laboratórios, farmácias, ortopedia, geografia, geologia, petróleo e gás, zootecnia e cuidadores de idosos têm a sua proteção.

Obaluaiê ou Omolu é o grande feiticeiro dos Orixás, sua ação principal na natureza é limpar o que não tem mais utilidade. Suas magias estão ligadas à saúde, às limpezas espirituais e ao amor. Suas energias são invocadas também quando se precisa de auxílio com assuntos relacionados ao solo, subsolo e à exploração de minas.

As pessoas regidas por Obaluaiê / Omolu são mais reservadas e cautelosas. Perfeccionistas, trabalham com muita dedicação e determinação. Situações extremas são bem solucionadas graças ao lado preciso e frio que não se deixa influenciar por sentimentalismos. Apesar de serem introvertidas, a ambição é maior e não limita as suas ações. Tendência à preocupação excessiva pode tirá-las do foco e privá-las de lutar pelo sucesso. Calculistas, sabem como ninguém tirar proveito das fraquezas alheias.

OXUMARÊ (Ọ̀ṣùmàrè)

Oxumarê é a grande serpente arco-íris, que representa os movimentos de rotação e translação do planeta e a aliança entre o céu e a terra. Dança o *Bravun*, empunhando *Danwé* (duas cobras). Veste-se de verde, preto, amarelo ou com as sete cores do arco-íris, cores ótimas para acentuar o poder de atração, sedução e elegância.

Seus dias principais de culto são: na nação Ketu, terça e quinta-feira, e na nação Jeje, sob o nome de *Besen*, segunda-feira, em companhia de Sapatá e Nanã. Sua oferenda favorita é *anamó*: batata-doce amassada em formato de cobra, regada com azeite de oliva. Sua saudação é *Aho gbobo yi!* e o número usado em suas magias é o 14. A erva jiboia é utilizada para atrair prosperidade.

Atividades ligadas a pintura, objetos de arte, joias, decoração, esculturas, artes plásticas, roteiro de cinema e televisão, vitrinista, design de interiores, coreografia e empreendedorismo têm a sua proteção.

Oxumarê é o Orixá da sorte e da fartura. Suas magias estão relacionadas a dinheiro, emprego, amigos e tudo o que tem a ver com mudanças. Os dons da intuição e visão espiritual também estão ligados a Oxumarê, por isso suas magias também favorecem as virtudes místicas.

As pessoas regidas por Oxumarê são bem desconfiadas, por isso têm a tendência de observar e analisar o comportamento daqueles que as cercam. Dificilmente são enganadas por mentirosos. Apesar de parecerem insensíveis, são pessoas tranquilas e que se importam com os outros. Empáticas, são cuidadosas ao defender suas opiniões. Devido à dualidade que as cerca, às vezes são incompreendidas. Muito místicas, não costumam confidenciar seus segredos para ninguém. A mistura de pensamentos costuma perturbá-las. O imprevisível as fascina.

OXUM (ÒṢUN)

Oxum é a senhora da beleza e a deusa das cachoeiras, rios, lagos e de toda a água doce. É a dona do leite materno e do ovo, a maior célula viva. Protege a fertilidade, o amor, a união e o casamento. Oxum ostenta beleza e vaidade, gosta de ouro e usa vários adornos. Veste-se de amarelo, dourado, azul-claro e cor-de-rosa para atrair o amor, o encanto, a sensualidade, o carinho, a emoção e a fecundação.

Usa o *abebé* (leque) e, em algumas situações, a *adá*. Dança ao som do *Ìjẹ̀ṣà*. Seu dia principal de culto é o sábado, e sua oferenda favorita, o *omolocum*: feijão fradinho cozido, temperado com cebola ralada e camarão seco no azeite doce e ovos cozidos por cima.

As magias de Oxum protegem o amor, a sexualidade, os partos e a estabilidade financeira. Oxum também é invocada quando o assunto é beleza, artes, decoração, alimentação e atividades domésticas. Seu número é o 5 e sua saudação é *Òóré yeye o!* Uma de suas ervas é a colônia, usada em magias para o amor. Atividades relacionadas com artes em geral, beleza, maquiagem, estética, design, arquitetura e decoração, moda, joias, adornos, cosméticos, atividades domésticas, artesanato, belas artes, canto, perfumaria, gastronomia e *sommelier* têm a sua proteção.

As pessoas regidas por Oxum são amáveis e preocupadas com os familiares. São as primeiras que tentam apartar as brigas e lutar pela reconciliação. Vaidosas, às vezes exageram nos mimos pessoais. Teimosas e corajosas, enfrentam sem medo qualquer pessoa que tentar impedir os seus sonhos ou de pessoas queridas. Emotivas, são muito apegadas ao passado, o que pode prejudicá-las a seguir adiante no momento de perda. Por pensar demais no outro, perdem algumas oportunidades, por isso arrependem-se tarde demais. Sempre se dão bem quando ouvem a intuição.

LOGUN EDÉ (LÓGUN ẸDẸ)

Filho de Oxóssi e Oxum, Logun Edé é considerado o senhor dos encantos e príncipe dos Orixás. Seus domínios são as florestas e o leito dos rios. Por sua beleza e atração é considerado o Orixá da sedução.

Veste-se de verde, azul e amarelo, cores que atraem modernidade e acentuam o poder de sedução. Tem como habilidades a caça e a pesca. Dança o *Ìjèṣà*, empunhando o *abebé* e o *ofá*. Seu dia principal de culto é a quinta-feira, e suas oferendas principais são o *axoxô* e o *omolocum*.

Suas magias são usadas para sedução, amor e prazer. Por ser o orixá da fartura, Logun Edé também é invocado para ajudar na prosperidade. Seu número é o 6, e sua saudação, *Lò sí, lò sí!* A erva manacá é utilizada para aumentar a magia da atração.

Profissões como atores, cantores, músicos, atividades ligadas a joalheria, moda, beleza, estética, lazer, entretenimento com crianças, conservação e restauração, e artes de modo geral têm a sua proteção.

As pessoas regidas por Logun Edé são alegres, comunicativas e de uma presença marcante. Otimistas, sabem ver o lado bom da vida, mesmo em situações complicadas. Muito sensíveis, costumam se abater diante dos problemas pessoais. Por gostarem de estar antenadas, estão sempre envolvidas em algum projeto social ou fazendo algum curso de reciclagem. Não gostam de receber críticas, mas se for necessário, voltam atrás em suas posições e decisões. Evitam conflitos diretos. São facilmente impressionáveis.

XANGÔ (ṢÀNGÓ)

Orixá do fogo, dos raios e dos trovões e monarca dos Orixás. Senhor da justiça, castiga os mentirosos, ladrões, malfeitores e criminosos. Garboso e viril, Xangô teve oficialmente três esposas: Iansã, Oxum e Obá.

Veste-se de vermelho e branco no Candomblé, e marrom e branco na Umbanda, cores usadas para trazer vitória nos casos de justiça e sucesso com papéis, documentos e contratos. Usa o *adê obá*, o *oxé* e o *xére*, e dança ao som do *Àlùjá*. Seu dia principal de culto é a quarta-feira, e sua oferenda mais apreciada, o *amalá*.

Seu fio de contas é sempre usado para afastar maus presságios. Suas magias têm resposta imediata nos casos ligados a justiça, negócios, dinheiro, política e administrações de bens. Por ser um conquistador nato, Xangô ajuda muito nos casos de amor e uniões. No campo da saúde, suas magias ajudam a afastar doenças graves e até a morte.

Sua saudação é *Kawòó Kàbíyèsi!* O número usado em magias é o 12. A erva ideal para ganhar dinheiro, sob a proteção de Xangô, é acocô. Atividades relacionadas a administração, chefia, comando, advocacia, governo, direção, hotelaria, contabilidade, comércio internacional e tudo ligado ao dinheiro, à justiça e economia têm a sua proteção.

As pessoas regidas por Xangô são generosas e companheiras. Gostam de compartilhar as conquistas com os amigos. Muito ambiciosas, não desistem mesmo diante dos mais árduos obstáculos. Pouco flexíveis, podem ser arrogantes com aqueles que a contrariarem. Quando o orgulho se mescla à impulsividade, a irresponsabilidade pode custar caro. A dificuldade em economizar faz com que tenham momentos financeiros de altos e baixos. Por outro lado, o sucesso é rapidamente reconquistado graças ao seu talento e perfeccionismo.

IANSÃ (YÁNSÀN)

Também chamada de Oiá (Ọya), Iansã é a deusa guerreira, senhora dos ventos, raios e tempestades. É a rainha dos *eguns*, por isso seus filhos são os mais adequados para o transporte e a entrega de *ebós*.

Iansã se manifesta por meio dos fenômenos da natureza e, para cada um, usa cores diferentes, como vermelho, rosa-claro, coral ou branco. Na Umbanda, usa amarelo. Suas cores servem para trazer energia, dinamismo e paixões calorosas. Usa o *iruquerê* e a *adá*. Seu principal dia de culto é a quarta-feira, e sua oferenda mais conhecida é o *acarajé*.

Iansã rege a paixão e a sedução, por isso suas magias trazem respostas imediatas às questões amorosas. Também nos casos que envolvem dinheiro e competitividade, Iansã é consultada. Na condição de *Ọya Ìgbàlè*, ela é invocada para afastar doenças que podem levar à morte e os acidentes com fogo explosivos.

A erva mais indicada contra *egum* é a amoreira. Já o número 9 é certeiro em seus encantamentos. Sua saudação é *Èpà heyi!* e dança ao toque do *Ìlù* e do *Àgèrè*. Atividades ligadas a administração, matemática, comércio, economia internacional, advocacia, bibliotecas e arquivos, análise de sistemas, militarismo, consertos e oficinas, biblioteconomia, arquivologia, modelo fotográfico, análise de gráficos e tesouraria têm a sua proteção.

As pessoas regidas por Iansã são independentes e de temperamento forte. Seu jeito leve, carismático e extrovertido seduz até o mais desconfiado. Audaciosas, não costumam se intimidar, encarando qualquer desafio. Quando provocadas, a mudança de humor é evidente, adotando ações mais enérgicas e, às vezes, assustadoras. As confusões emocionais é que podem gerar insegurança, prejudicando suas atitudes. Apesar de um autocontrole aparente, são um turbilhão de sentimentos, com a cabeça cheia de projetos e sonhos.

OBÁ (ỌBÀ)

Obá é a dominadora e a grande guerreira apaixonada que não conhece a derrota. Obá rege o equilíbrio. É a senhora das águas revoltas, protetora dos homens contra as cheias dos rios e inundações.

Obá veste-se de vermelho e marrom, cores usadas para reforçar a persistência e atrair solidariedade. Dança ao som do *Jiká*, empunhando espada, escudo e arco e flecha. Seu dia principal de culto é a quarta-feira, e sua oferenda favorita, o *amalá*.

Seu número é o 15 e sua saudação é *Obà si!* O poejo é a erva mais indicada para quem deseja promoção social sob a proteção de Obá.

As magias de Obá são poderosas contra traições e injustiças. Obá também é invocada todas as vezes que o preconceito e a intolerância querem oprimir os mais fracos e as classes desfavorecidas. Nos casos de separação, Obá sempre é a protetora dos filhos. Dessa forma, magias envolvendo separação, divórcio e partilha de bens a ela pertencem.

Atividades ligadas a educação, política, administração pública, serviços sociais, trabalho humanitário, associações, sindicatos e entidades têm a sua proteção.

As pessoas regidas por Obá são leais e lutadoras. Muito dedicadas ao trabalho, sabem a hora exata de trocar a posição mais calma por uma postura bem enérgica. Quando a paixão é correspondida, mudam de humor e toda a luta parece estar mais branda. Por outro lado, quando são enganadas, demoram a superar a tristeza. São focadas e pacientes, sabem o momento certo de mudar de estratégia. Quando incompreendidas ou pressionadas, costumam se isolar. Suas conquistas são à base de muito esforço e dedicação.

EUÁ (IYEWA)

Euá é deusa da beleza e da visão. É a senhora de todos os mistérios, por isso nunca dorme. *Orunmilá* concedeu-lhe o privilégio da vidência por meio do jogo de búzios. Responsável pelas nuvens e chuvas, Euá transforma a água em gelo.

Veste-se de vermelho, branco e amarelo para atrair alegria e vitalidade. Dança ao som do *Bravun*. Usa *kalabá, adá, ofá* e *iruquerê*.

A tranquilidade material e espiritual da família são os pedidos feitos em suas magias. As doenças do sistema circulatório e as dores nas pernas e varizes também são amenizadas com a ajuda de Euá.

Seu número é o 14 e sua saudação é *Hiho!* A erva narciso é empregada para aguçar a intuição. Profissões como webdesigner, fotógrafo, desenhista, oftalmologista, oculista e atividades ligadas a teatro, show business, música e secretariado têm a sua proteção.

As pessoas regidas por Euá são sinceras e bastante discretas, apesar de nunca se descuidarem do visual. Ainda que sejam temperamentais, tentam buscar sempre a harmonia familiar e o equilíbrio no amor. Muito corretas, costumam dispender um bom tempo para analisar uma situação delicada antes de se posicionar. Sabem conquistar o que almejam, sem precisarem se impor. São muito admiradas pelos amigos, mas, por outro lado, são também alvo de fofocas invejosas. Têm plena consciência de seus direitos.

IEMANJÁ (YEMỌJA)

Iemanjá é a rainha dos mares e a grande mãe de vários Orixás. Orixá maternal que protege a procriação, o bem-estar emocional e o equilíbrio mental de todos os seres humanos. Por determinação de *Olodumarê*, é Iemanjá quem purifica espiritualmente as águas do *aiyê*.

Veste-se de branco, azul e verde, cores que trazem felicidade e riqueza e que simbolizam a maternidade e a família. Na Umbanda, usa, ainda, a cor prata para aguçar a intuição. Empunha o *abebé*. Dança o *Ọpanijẹ*, por ter criado Omolu, e o *Jiká*, por sua ligação com Ogum. Seu dia principal de culto é o sábado. Sua oferenda favorita é o *dibô*.

Suas magias favorecem o lar, os filhos, a saúde mental e espiritual. Iemanjá também rege os problemas ligados à educação e à carreira. O seu número é o 4 e sua saudação é *Odò ìyá!* A erva camomila é muito usada para acalmar. Atividades como assistência social, psicanálise, fonoaudiologia, letras, religião, massagem, assuntos marítimos, neurologia, oceanologia e gestão pública têm a sua proteção.

As pessoas regidas por Iemanjá são gentis e parceiras, mas não esquecem as pessoas que vacilam com elas. Trabalhadoras natas, não se intimidam quando pressionadas. Perseverantes, não desanimam e nem têm medo de recomeçar do zero, se necessário. Seu humor muda drasticamente quando são perturbadas por questões pequenas.

Sua sensibilidade artística não deixa passar o mínimo detalhe. Costumam exagerar com algumas futilidades. A inconstância e alguns momentos de indecisão atrapalham suas ambições.

NANÃ (NÀNÁ)

A grande sábia é a mais velha das divindades femininas e mãe de Omolu e Oxumarê. É a senhora dos pântanos, das águas paradas, dona do lodo, da lama e do barro com o qual *Olodumarê* criou o *aiyê* e os seres humanos. Nanã representa a memória pré-histórica dos nossos antepassados e a volta do homem ao seu estado primitivo, à terra da qual foi criado. Nanã recebe no próprio ventre os mortos, semente do renascimento.

Veste-se de branco e lilás, cores que devem ser usadas ao estudar e prestar concursos, pois aceleram o intelecto e a sabedoria. Já na Umbanda usa o roxo para aguçar a inteligência. Empunha o *ibiri* (cetro feito de talos de dendezeiro) e dança o *Opanijẹ* e o *Sató*. Sua oferenda favorita é o *efó* (taioba temperada com cebola e camarão no azeite de dendê). Seu dia principal de culto é a segunda-feira, assim como o de seus filhos, Omolu e Oxumarê.

Suas magias são usadas para obter sabedoria e justiça, guiar conduta e caráter. Nanã também protege contra as doenças ósseas e degenerativas. Sua saudação é *Saluba!*, e seu número, 13. A erva pinhão-roxo é usada para afastar perturbações. Atividades ligadas ao ensino, à pedagogia, administração, psiquiatria, psicologia, museologia, antropologia, filosofia, história, arqueologia e sociologia têm a sua proteção.

As pessoas regidas por Nanã são reservadas e tímidas, mas gostam de estar no controle. É muito difícil serem trapaceadas ou manipuladas, pois estão sempre atentas a tudo. Preocupam-se com a estabilidade financeira, por isso seus gastos são regrados. Quando têm a rotina quebrada, a tensão desequilibra o seu lado calculista e metódico. A decepção com pessoas queridas é transformada em ressentimento. Ambiciosas e tenazes, sabem aguardar o tempo necessário para que seus planos deem certo.

IROKO (Ìrókò)

Iroko é denominado de *Olúwa ti àkókó* (senhor do tempo) por controlar o tempo de vida dos homens. Ele também é considerado o senhor da persistência. Ele domina a longevidade. Na cultura iorubá, Iroko é representado pela *Igi Òrìsà* (a árvore sagrada utilizada pelos Orixás para descerem a terra). Já no Brasil, a árvore dele é a *Igi opón funfun* (árvore gameleira-branca).

As cores de Iroko são verde, marrom e branco, que em conjunto ajudam na resistência e atraem visibilidade. Seu dia de culto é a terça-feira, ideal para a mudança de situações e para firmar parcerias. Dança ao toque do *Avamunha*. Ele é representado pelo *Òkò iko èyò* (lança enfeitada com palha da costa e búzios). Usa o *opá àkàbà* (bastão em forma de grelha) e o *filà* (cobertura de palha da costa). Seu número é o 12 (liderança). Sua saudação é *Ìrókò igi èrò!* e sua oferenda é o *Àgbàdo pupa líló*: milho vermelho pilado. A folha de fícus e ingá são ideais para restaurar as energias.

As profissões ligadas a administração, marketing, gestão de recursos humanos, agronomia e produção agropecuarista têm a sua proteção.

As magias de Iroko são voltadas para o equilíbrio emocional.

As pessoas regidas por Iroko são enérgicas e conscientes da sua importância como conselheiras e orientadoras. Possuem grande senso de responsabilidade com o coletivo, pois são agregadoras. Sensíveis e atentas a tudo que acontece a sua volta, não deixam passar nenhum furo sequer. Muito leais, fazem com que não só as amizades, como também, os relacionamentos sejam duradouros. Por outro lado, por serem autoritárias e pretensiosas costumam ser alvo de críticas e fofocas passando por algumas situações embaraçosas.

IBEJI (IBÉJI)

Orixás gêmeos, senhores da alegria, protetores das crianças e da família. O primeiro chama-se Táiwò, e o segundo, Kéhìndé. Caso nasça um terceiro, este será chamado de Ìdòwú. Ibeji é representado por duas estatuetas de madeira que simbolizam a inocência, a alegria e o divertimento infantil. No Brasil, Ibeji é representado por brinquedos e moringuinhas de barro.

Vestem-se de várias cores, que acentuam a criatividade e atraem a felicidade. Dançam vários ritmos, empunhando *atorís* (pequenas varetas). O dia de culto de Ibeji é o domingo, e sua principal oferenda, o *caruru*. Além do caruru, Ibeji responde rapidamente com oferendas de doces e frutas.

Os problemas relacionados às crianças são solucionados com a proteção de Ibeji. Suas magias também se aplicam ao amor e casamento.

Sua saudação é *Onipè Ibéjì!* e seu número é o 2. Ibeji dança ao toque do *Ìjẹ̀ṣà*. A erva flor do campo é usada para proporcionar alegria. Recreadores, pedagogos, psicopedagogos, pediatras, fisioterapeutas, fonoaudiólogos, comediantes, dançarinos, professores de educação física, artistas circenses, assistentes sociais e babás têm a sua proteção.

As pessoas regidas por Ibeji são alegres e solidárias, em que estão sempre querendo ajudar o próximo. Responsáveis e inovadoras, pois acreditam no futuro. Situações estressantes não as paralisam, pois elas dão a volta por cima com facilidade. Por serem amantes da vida, estão sempre se cuidando, praticando algum tipo de esporte ou qualquer atividade que lhes proporcione bem-estar. Por outro lado, a teimosia faz com que se envolvam em situações desgastantes e de impacto financeiro. Têm dificuldade com desapegos.

OXALÁ (ÒṢÀLÁ)

Oxalá é o senhor da criação; do mundo e dos seres humanos. Considerado o pai de todos os Orixás, Oxalá é o mais velho e respeitado, por isso todos se curvam à sua presença. Oxalá representa a ética moral. Seu poder e força não se mostram pela violência, e sim pela capacidade de argumentação.

Oxalá é cultuado como Oxalufã (Òṣàlúfọn), o velho que carrega seu *opaxorô* (cajado de metal), ou como Oxaguian (Òṣàgiyán), o jovem guerreiro dono da mão do pilão. Como Oxalufã, veste-se de branco, cor que representa a paz, o equilíbrio, a harmonia e a pureza, e como Oxaguian, veste-se de azul e branco, cores que representam poder e atraem liderança.

Como Oxalufã, seu dia principal de culto é a sexta-feira, e como Oxaguian, o domingo. Oxalufã gosta de canjica com mel de abelha, já Oxaguian, de inhame amassado. A canjica branca é a oferenda mais utilizada nos cultos, inclusive em forma de *acaçá* (massa de milho branco enrolada em folha de bananeira).

As magias de Oxalá são utilizadas em questões de saúde, união familiar e para apaziguar hostilidades e demandas.

Seu número é o 10 e ele dança ao toque do Ìgbèn e do Ìjẹ̀ṣà. A erva algodão é usada para trazer equilíbrio. Saudação: *E ṣe e bàbá!* (para Oxalufã) e *Epà bàbá!* (para Oxaguian). Profissões como teólogos, filósofos, diplomatas, projetistas, orientadores, negociadores, conciliadores conjugais, pediatras, cientistas, físicos, pedagogos, tradutores e atividades ligadas à religião têm a proteção de Oxalufã. Já Oxaguian protege atividades ligadas à tecnologia, eletricidade, informática, telecomunicação, ciência, arquitetura, invenção, vanguarda e inovação, além de atividades intelectuais e criativas, literatura, trabalho investigativo, controle de obras, segurança do trabalho e urbanismo.

As pessoas regidas por Oxalá são corajosos e benevolentes, sempre incentivando o próximo a não desanimarem. Grandes líderes, são muito respeitadas pelas suas diretrizes. Às vezes, seu lado genioso atrelado à impulsividade fazem com que tirem conclusões precipitadas, sendo, algumas vezes, desastrosas. Dotadas de ideais renovadoras e de grande persistência, costumam se sobressair e alcançar um sucesso duradouro. Audaciosas, estão sempre buscando a auto superação. Por falarem demais, costumam perder grandes oportunidades.

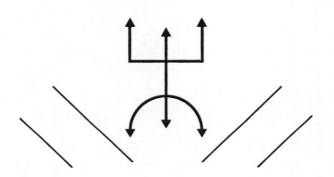

ENTIDADES

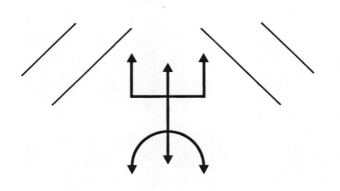

CABOCLOS/BOIADEIRO

Os Caboclos são espíritos de índios ou mulatos que baixam nos terreiros de Umbanda, fazendo a caridade para alcançarem elevação espiritual.

Eles são classificados como Caboclos de Pena ou Caboclos de Couro ou Boiadeiros. Todos esses Caboclos são ligados a Oxóssi, o Orixá senhor da floresta e dono da caça, e têm como finalidade o aconselhamento aos aflitos, lhes indicando banhos, defumadores, ofertendas e tudo que possam ajudá-los na resolução dos problemas.

Os Caboclos de Pena eram os índios das tribos que viviam da caça e da pesca. Eles se adornavam com penachos, cocares e colares artesanais. De uma rica cultura, seus nomes relembram suas origens e histórias, como Caboclo Mata Virgem, Caboclo Sete Estrelas, Caboclo Cobra Coral e Cabocla Jurema. Saudação: *Okê Caboclo!*

Dentre muitos Caboclos que baixam nesses terreiros, os Boiadeiros se destacam pelo jeito rude e viril. Boiadeiro anda a cavalo, usa chapéu de couro, gibão, cântaro de água, chicote e todos os apetrechos usados pelos boiadeiros e vaqueiros das caatingas.

Seu dia principal de culto é a segunda-feira (dia de todas as entidades trabalhadoras de Umbanda). As cores são verde e estampado, que remetem a renovação. Sua oferenda principal é a carne de boi assada (ou churrasco), acompanhada de farofa de farinha de mandioca.

Boiadeiro também gosta de rapadura, raízes, abóbora e frutos silvestres.

Suas magias são usadas para abrir caminhos, conseguir emprego, conquistar um amor, ter saúde e fazer bons negócios. No amor, Boiadeiro encanta como um bom Caboclo.

Saudação de Boiadeiro: *Xêtro, Marrumbaxêtro! Salve o Caboclo Boiadeiro!*

TRANCA-RUAS E POMBAGIRAS

O Sr. Tranca-Ruas é uma entidade com muito poder espiritual que trabalha nos terreiros de Umbanda. A falange do Tranca-Ruas é composta por sete sub-falanges. Cada falange tem a direção de um Tranca-Ruas específico, como Tranca-Ruas das Almas, Tranca-Ruas de Embaré, Tranca-Ruas das Ruas, Tranca-Ruas das Sete Encruzilhadas, Tranca-Ruas das Sete Giras e Tranca-Ruas das Porteiras.

As cores preferidas de Tranca-Ruas são o vermelho e preto. Usa cartola e capa, em que traz seu ponto riscado, bordado com pedrarias e lantejoulas. Gosta de cantar e dançar empunhando uma bengala. Seu símbolo é o tridente, representando astúcia e sabedoria.

Suas principais oferendas são carne de cabrito, galo e bife acebolado com padê (farofa de azeite de dendê). Gosta de um bom charuto e de uísque. Seu dia principal de culto é a segunda-feira.

As magias de Tranca-Ruas aplicam-se aos mais variados casos, mas o seu forte é justiça, caminho e dinheiro.

Diz uma cantiga que "Tranca-Ruas vêm na frente para dizer quem ela é...". Essa cantiga se refere às Pombagiras. As Pombagiras são entidades femininas que trabalham na Umbanda, na linha de Exu. As falanges das Pombagiras atuam nas ruas, praças, encruzilhadas, cemitérios, bares, cabarés e locais ermos.

Gostam de usar vestidos estampados ou vermelho e preto; como adornos, colares, anéis, pulseiras e brincos.

Dançam de maneira sensual, fumando cigarro ou cigarrilha. Gostam de ovo frito no dendê, com farofa de mel. Bebem anis, champanhe ou licor.

As Pombagiras são ligadas aos caminhos, ao amor e sexo. As magias de Pombagiras se destinam a resolver casos de relacionamentos e abrir caminhos.

Saudação de Tranca-Ruas: *Laroiê, Salve Sr. Tranca-Ruas!*
Saudação de Pombagira: *Laroiê, Salve Pombagira!*

PRETOS-VELHOS

Os Pretos-Velhos são espíritos de velhos africanos ou descendentes que baixam nos terreiros de Umbanda para fazer caridade. Os Pretos-Velhos representam a sabedoria e aconselham os fiéis que os procuram. Eles rezam, dão passes e ensinam suas mirongas.

Vestem-se de branco ou de preto e branco. Usam chapéus de palha ou lenços na cabeça. Quando Pretas-Velhas, usam guias de lágrimas de Nossa Senhora e bengalas. Os Pretos-Velhos fumam cachimbos ou cigarros de palha e bebem meladinho, vinho moscatel ou café amargo. Seu dia principal de culto é a segunda-feira, e a oferenda favorita, a feijoada.

São bons feiticeiros, por isso suas magias têm grande poder de cura, além de desfazer feitiços.

Saudação: *Adorei as Almas!*

MAGIA DOS ORIXÁS

ALGUNS CUIDADOS A SE TOMAR ANTES DE PRATICAR MAGIA

Primeiramente, a pessoa deve ter muita FÉ para manipular o mundo misterioso da magia. *A FÉ é a certeza das coisas invisíveis*, por isso, temos que acreditar e confiar nos encantamentos realizados, sem cobrança. Afinal, a ansiedade pode colocar tudo a perder. Ansiedade e FÉ são bem distintas e caminham em direções opostas.

É preciso tomar alguns cuidados antes de fazer qualquer magia, devido à seriedade exigida para mexer com o plano espiritual.

- Não se deve fazer magia com o corpo "sujo" de rua, ou seja, é preciso tomar banho e vestir roupas claras (de preferência, branco).

- Deve-se tomar um banho com as seguintes folhas: manjericão, macassá e oriri. No caso de amarração, o banho vem antes da magia. Caso contrário, é preciso tomá-lo após a magia feita, para limpar o corpo.

- Não se deve ingerir bebida alcoólica antes e depois de manipular a magia.

- Não se deve ter relações sexuais antes da magia. Somente após o feitiço é permitido manter relações com a pessoa amada (a quem foi destinada a magia), e não com outro(a) parceiro(a).

No mais, muita fé, confiança em si mesmo, nos Orixás e, acima de tudo, em Olorun!
Muito Axé!

EXU

AMOR

PARA PRENDER A PESSOA AMADA

Ingredientes
1 folha de papel vermelho
1 Santo Antônio de madeira
Linha vermelha

Modo de fazer
No papel, escreva o nome da pessoa amada sete vezes, a lápis, o seu por cima, formando um emaranhado. Dobre o papel e faça uma tira. Enrole-a em volta do Santo Antônio. Amarre a tira com linha vermelha. Enterre o santo debaixo de uma árvore bem bonita. Faça seus pedidos a Exu.

EXU

AMOR

PARA UNIÃO

Ingredientes
1 Santo Antônio de madeira
1 carretel de linha azul-marinho
1 papel rosa
1 punhado de açúcar cristal
1 vela azul
1 vela rosa
2 corações de galinha

Modo de fazer
Escreva o nome da pessoa amada quatro vezes, a lápis, o seu por cima, formando um emaranhado. Coloque o papel entre os corações. Junte o Santo Antônio e una tudo com a linha azul, até desenrolar todo o carretel, dizendo: "Assim como estou unindo estes corações, sob a intervenção de Santo Antônio, o seu coração, "fulano(a)", agora está unido ao meu." Escreva o nome do homem na vela azul, na direção do pavio, e o da mulher, na vela rosa, da mesma forma. Passe açúcar cristal antes de acendê-las. Então as acenda unidas.

EXU

PARA PRENDER A PESSOA AMADA DENTRO DE CASA

Ingredientes
1 folha de papel de seda
1 prato de papelão
2 velas
Açúcar cristal
Patchouli em pó

Modo de fazer
Tire o molde do sapato da pessoa que deseja prender. Escreva o nome da pessoa uma vez em cima desse molde e coloque no prato. Faça a mistura de patchouli e açúcar cristal, e coloque sobre tudo. Leve a uma encruzilhada e converse com Exu (não é para arriar o prato), para que aquela pessoa, quando andar na rua, volte para casa correndo. Que o caminho de casa nunca saia do seu percurso. Feito isso, você deve levar o encantamento para ser arriado debaixo de uma árvore frondosa. De preferência, cave debaixo da árvore e enterre o prato. Acenda as velas de forma unida por cima. Faça os pedidos a Exu Lonan, que é o Exu dos caminhos, para que a pessoa não sinta mais vontade de sair de casa.

EXU

AMOR

PARA A PESSOA AMADA ABRIR A MÃO PARA VOCÊ

Ingredientes
1 folha de papel branco
1 prato virgem
1 punhado de sementes de girassol
1 vela
6 moedas
Açúcar cristal

Modo de fazer
Desenhe as mãos da pessoa no papel, a lápis. Escreva em cada mão o nome da pessoa, na direção do pulso para o dedo indicador. Coloque as mãos abertas, uma ao lado da outra, no prato. Em cima de cada mão, coloque três moedas. Misture o açúcar cristal com as sementes de girassol e cubra as mãos. Arrie em uma encruzilhada, com uma vela acesa, fazendo os seus pedidos a Exu.

EXU

PROTEÇÃO
ESPIRITUAL

PARA PROTEÇÃO DE CARNAVAL

Ingredientes
1 cebola branca
7 moedas

Modo de fazer
Antes de brincar o carnaval, pegue a cebola, descasque-a e parta-a em quatro. Leve sete moedas correntes a uma encruzilhada aberta e despache a cebola em um dos cantos da mesma. Depois, passe as moedas pelo corpo e coloque-as em volta da cebola com os valores para cima. Peça proteção a Exu durante o período do carnaval.

EXU

TRABALHO E PROSPERIDADE

PARA ABERTURA DE CAMINHOS

Ingredientes
1 charuto
1 folha de papel branco
1 garrafa de uísque
1 padê de dendê (mistura feita de farinha de mesa e dendê)
1 padê de mel (mistura feita de farinha de mesa com mel)
1 prato de papelão
7 velas

Modo de fazer
Escreva o nome da pessoa sete vezes, a lápis, no papel e coloque no prato. Cubra uma metade com o padê de dendê, e a outra, com o padê de mel. Arreie a oferenda numa encruzilhada. Abra o uísque e despeje tudo, aos poucos, em volta da oferenda. Acenda o charuto e dê três baforadas. Coloque o charuto no meio do padê. Acenda as velas ao redor, fazendo os seus pedidos a Exu.

EXU

TRABALHO E PROSPERIDADE

PARA ARRANJAR EMPREGO

Ingredientes
1 obi claro
7 moedas

Modo de fazer
Numa encruzilhada, abra o obi com as unhas, fazendo os seus pedidos. Coloque o obi, já partido ao meio, em uma esquina dessa encruzilhada, com as partes para cima. Passe as moedas pelo corpo e despache-as na outra esquina. Peça a Exu que abra o seu caminho para um emprego.

OGUM

AMOR

PARA TRAZER DE VOLTA A PESSOA AMADA

Ingredientes
1 folha de papel azul
1 prato pequeno de papelão
1 vela azul
1 ímã em forma de ferradura
Açúcar cristal
Feijão fradinho

Modo de fazer
Escreva o nome da pessoa amada três vezes, a lápis, no papel. Escreva o seu nome por cima, formando um emaranhado. Coloque o papel no fundo do prato. Coloque em cima o ímã. Triture o feijão fradinho e misture com açúcar cristal. Cubra o prato com essa mistura. Arrie a oferenda em uma estrada. Acenda uma vela e faça seus pedidos a Ogum, para que ele traga o seu amor de volta.

OGUM

PARA O APETITE SEXUAL

Ingredientes
1 pano azul-marinho
1 balde
3 folhas de beladona
3 folhas de cajá

Modo de fazer
Encha o balde com cerca de um litro de água e macere folhas de cajá e beladona. Deixe pegar sol e depois coe. Pegue a água ainda morna do calor do sol e enxague-se com um pano azul-marinho. Despache esse pano nos pés de uma palmeira e peça a Ogum vigor sexual.

OGUM

PROTEÇÃO
ESPIRITUAL

PARA SEGURANÇA DA CASA

Ingredientes
1 agulha virgem
1 copo de vidro virgem
1 olho-de-boi macho
1 ímã em forma de ferradura
3 gotas de azeite doce

Modo de fazer
Encha o copo com água. Acrescente todos os ingredientes. Por último pingue o azeite, mentalizando os seus pedidos. Deixe a mistura atrás da sua porta de entrada e troque a água a cada sete dias. Se o olho-de-boi estourar, despache tudo debaixo de uma árvore frondosa, longe de sua casa.

OGUM

TRABALHO E PROSPERIDADE

PARA ABERTURA DE CAMINHOS

Ingredientes
1 inhame
1 prato de papelão
14 moedas
Açúcar cristal
Dendê

Modo de fazer
Cozinhe o inhame. Escorra a água e deixe-o esfriar. Parta a raiz ao meio no sentido vertical e coloque-a no prato. Em cada banda do inhame, finque sete moedas, totalizando catorze. Regue o inhame com uma mistura de dendê e açúcar cristal. Deixe a oferenda numa estrada, no sentido da subida, e faça seus pedidos a Ogum.

OGUM

TRABALHO E PROSPERIDADE

DEFUMADOR PARA ABRIR CAMINHOS

Ingredientes
Açúcar cristal
Canela em casca
Cravo-da-índia (sem a cabeça)
Dandá-da-costa ralado
16 folhas de louro seco

Modo de fazer
Se você não tiver um incensário ou turíbulo, use uma panela velha. Misture todos os ingredientes e leve ao fogo médio até começar a sair fumaça. Defume da porta de entrada para dentro, pedindo prosperidade, fartura, abertura de caminhos, riqueza, vitória e sorte. Despache o resto do defumador em uma praça bem movimentada.

OGUM

TRABALHO E PROSPERIDADE

PARA CONSEGUIR EMPREGO

Ingredientes
1 faca de madeira
1 inhame
1 prato de papelão
3 velas
7 moedas
Azeite de dendê
Açúcar cristal

Modo de fazer
Cozinhe, escorra e deixe o inhame esfriar. Parta a raiz ao meio com a faca de madeira e coloque-a no prato. Finque três moedas no lado direito, e no esquerdo, quatro. Regue o lado direito com dendê, e o esquerdo, com açúcar cristal. Arrie em uma linha de trem de subida e acenda três velas em volta. Faça os seus pedidos a Ogum.

OGUM

TRABALHO E PROSPERIDADE

PARA CONSEGUIR PROGRESSO

Ingredientes
1 folha de papel azul
1 prato de papelão
1 vela
1 kg de feijão fradinho
Mel de abelha (substitua por açúcar cristal, caso você seja filho de Oxóssi)

Modo de fazer
Torre o feijão fradinho e deixe-o esfriar. Escreva no papel, a lápis, o nome da pessoa para a qual deseja progresso, então coloque no prato. Cubra com o feijão torrado e regue com mel. Arrie em uma linha de trem de subida, com uma vela acesa, fazendo os seus pedidos a Ogum.

OGUM

SAUDE

OFERENDA A OGUM PARA SUCESSO EM CIRURGIAS

Ingredientes
1 prato de papelão
1 folha de papel branco
1 inhame
3 velas
21 palitos de dendezeiro
Mel (substitua por açúcar cristal, caso o enfermo seja filho de Oxóssi)

Modo de fazer
Cozinhe e escorra o inhame. Escreva o nome da pessoa três vezes, a lápis, no papel e coloque no prato. Finque os palitos no inhame e coloque-o em cima do papel. Regue com mel. Deixe a oferenda perto do hospital onde a cirurgia será realizada. Acenda as velas, fazendo os seus pedidos a Ogum.

OXÓSSI

AMOR

PARA TRAZER A PESSOA AMADA DE VOLTA

Ingredientes
1 vaso com árvore da felicidade
1 boneco(a) de cera, conforme o sexo da pessoa amada
1 peça íntima

Modo de fazer
Escreva o nome da pessoa amada no corpo do(a) boneco(a) de cera. Enrole o(a) boneco(a) na sua peça íntima e enterre no vaso de uma árvore da felicidade. Coloque esse vaso de planta atrás da sua porta de entrada. Peça a Oxóssi para trazer seu amor de volta.

OXÓSSI

PARA PRENDER SEU AMOR

Ingredientes
1 cadeado pequeno
1 folha de papel azul
1 milho vermelho
1 panelinha de barro
Açúcar cristal

Modo de fazer
Escreva o nome do seu amor sete vezes, a lápis, no papel e o seu por cima, também sete vezes, formando um emaranhado. Coloque o papel no fundo da panelinha de barro. Pegue o cadeado, fure o papel, prendendo-o. Misture um pouco de milho vermelho cozido com açúcar cristal e cubra o cadeado. Leve a panelinha aos pés de uma árvore bem bonita. Peça a Oxóssi que prenda o seu amor.

OXÓSSI

PROTEÇÃO
ESPIRITUAL

BANHO DE OXÓSSI PARA PROTEÇÃO

Ingredientes
1 balde
1 galho de alecrim-do-campo
6 folhas de saião

Modo de fazer
Em meio balde com água, esfregue folhas de saião misturadas com alecrim-do-campo. Coe a mistura e a jogue no corpo, da cabeça aos pés. Vista alguma peça de roupa azul.

OXÓSSI

TRABALHO E PROSPERIDADE

PARA CHAMAR DINHEIRO

Ingredientes
1 milho vermelho
1 punhado de arroz cru com casca
1 tigela branca pequena
6 moedas
Açúcar cristal

Modo de fazer
Cozinhe um pouquinho de milho vermelho. Escorra e deixe esfriar. Coloque o milho na tigela e depois o arroz. Arrume as moedas por cima. Salpique com açúcar cristal. Coloque a tigela atrás da porta, fazendo os seus pedidos. Renove a cada sete dias. Despache em uma praça movimentada.

OXÓSSI

TRABALHO E PROSPERIDADE

PARA FARTURA

Ingredientes
1 coco seco
1 copo virgem
1 folha de papel azul-claro
1 prato de papelão
1 vela
6 moedas
1 kg de milho vermelho
Açúcar cristal

Modo de fazer
Cozinhe o milho. Escorra e deixe esfriar. Tire a água do coco e guarde no copo. Tire o coco da casca e corte em tiras finas. Escreva o nome da pessoa seis vezes no papel, a lápis. Coloque o papel no prato e cubra com o milho. Arrume o coco no meio do milho. Ao redor, coloque as moedas. Salpique com açúcar cristal. Arrie na mata, com a água de coco, em uma quinta-feira. Acenda uma vela e faça os pedidos a Oxóssi.

OSSAIM

AMOR

BANHO PARA ATRAIR SEU AMOR

Ingredientes
1 colher de café de açúcar cristal
1 colher de café de noz-moscada ralada
7 cravos-da-índia (sem a cabeça)
7 gotas do seu perfume preferido.
7 pedaços de canela em casca

Modo de fazer
Cozinhe tudo em uma panela, com cerca de um litro de água. Deixe esfriar. Coe a mistura. Tome o seu banho normal, depois jogue a mistura de Ossaim do pescoço para baixo. Use a toalha somente para tirar o excesso de líquido. Peça a Ossaim para atrair o seu amor.

OSSAIM

AMOR

PARA UNIÃO

Ingredientes
1 folha da costa (folha de saião)
1 foto 3x4 da pessoa amada
1 foto 3x4 sua
1 lenço verde pequeno
Açúcar cristal

Modo de fazer
Coloque as fotos uma de frente para outra (como se estivessem se beijando). Passe açúcar cristal na folha de saião e coloque-a entre elas. Enrole em um lenço verde e guarde na carteira ou bolsa. Faça seus pedidos a Ossaım, dizendo: "Assim como o senhor é o Orixá das folhas, que esta folha em nosso meio represente a nossa união e felicidade, sob a sua proteção."

OSSAIM

PROTEÇÃO
ESPIRITUAL

PROTEÇÃO DE OSSAIM

Ingredientes
14 folhas de peregum
14 galhos pequenos de amoreira
Essência de verbena

Modo de fazer
Esfregue as folhas de peregum e as de amoreira em uma vasilha com água e pingue catorze gotas de essência de verbena. Depois, coe, coloque num borrifador e borrife esse líquido em todo o ambiente. Faça isso sempre na parte da manhã, após o seu banho.

OSSAIM

TRABALHO E
PROSPERIDADE

PARA CHAMAR DINHEIRO

Ingredientes
1 nota de dinheiro de qualquer valor
1 pires branco
Açúcar cristal
Louro em pó
Noz-moscada ralada

Modo de fazer
Coloque a nota no pires branco. Faça uma mistura com os outros ingredientes para cobrir a nota. Coloque o pires atrás da porta de entrada e peça a Ossaim para não faltar dinheiro na sua vida.

OSSAIM

TRABALHO E PROSPERIDADE

PARA TRAZER O ANJO DA GUARDA DO CHEFE PARA VOCÊ

Ingredientes
1 copo com água
1 folha de papel verde-claro
1 pratinho de papelão
1 punhado de erva-doce
1 vela de sete dias
Açúcar cristal

Modo de fazer
Escreva o nome do chefe oito vezes, e o seu por cima, a lápis, no papel. Coloque no pratinho. Misture o açúcar cristal com a erva-doce e cubra o papel. Acenda a vela e coloque o copo com água ao lado, em um local alto dentro de casa. Faça os seus pedidos durante sete dias. Depois disso, despeje a água na pia e coloque o pratinho debaixo de uma árvore frondosa.

OSSAIM

TRABALHO E PROSPERIDADE

PARA ATRAIR CLIENTES

Ingredientes
1 folha de papel verde
1 prato de papelão
6 búzios abertos
6 espigas de milho cozidas
6 folhas-da-fortuna
6 moedas
6 velas
Açúcar cristal

Modo de fazer
Escreva o nome do estabelecimento no papel, a lápis. Coloque no prato, em seguida arrume as espigas. Prenda uma moeda e um búzio aberto em cima de cada uma. Enfeite em volta com as folhas-da-fortuna. Salpique tudo com açúcar cristal, fazendo os seus pedidos. Deixe em um local de movimento, acendendo as velas ao redor. Reforce os seus pedidos.

OSSAIM

SAÚDE

BANHO DE OSSAIM PARA AFASTAR NEGATIVIDADE

Ingredientes
1 balde
1 vela branca
14 folhas de negra-mina
Dandá-da-costa ralado

Modo de fazer
Encha o balde com cerca de um litro de água. Macere a folha na água, de forma a extrair o sumo. Misture com o dandá-da-costa. Tome esse banho da cabeça para baixo. Vista-se com roupas claras. Acenda uma vela com um copo de água para Ossaim e faça os seus pedidos.

OBALUAIÊ / OMOLU

AMOR

PARA CONQUISTAR O(A) AMADO(A)

Ingredientes
1 foto da pessoa amada
1 foto sua
1 panelinha de barro
3 fios de palha da costa
Açúcar cristal

Modo de fazer
Junte as duas fotos uma de frente para a outra. Enrole-as com três fios de palha da costa, dando um nó. Depois coloque as fotos dentro de uma panela de barro e cubra com açúcar cristal. Deixe a panelinha num canto da sua casa por três dias. Peça a Omolu o amor daquela pessoa para você. Depois, despache a panela perto de uma árvore bonita.

OBALUAIÊ / OMOLU

PARA ADOÇAR SEU AMOR

Ingredientes
1 cabaça pequena
1 folha de papel branco
1 vela branca
1 vela preta
Açúcar cristal
Doburu
Pemba branca

Modo de fazer
Peça que um homem serre a cabaça ao meio e retire os caroços. Escreva o nome do seu amor sete vezes no papel, a lápis, com o seu por cima, formando um emaranhado. Coloque o papel no fundo da cabaça. Rale a pemba. Soque o doburu até formar um farelo. Faça uma mistura do doburu socado com açúcar cristal e pemba ralada. Coloque a mistura em cima do papel. Tampe a cabaça e a leve a um campo aberto. Acenda as velas de forma unida. Peça a Omolu que adoce a pessoa que você ama.

OBALUAIÊ / OMOLU

PROTEÇÃO ESPIRITUAL

PARA TER PROTEÇÃO DE OBALUAIÊ / OMOLU

Ingredientes
1 balde
1 punhado de benjoim
7 folhas de mamona

Modo de fazer
Desfaça, em meio balde de água limpa, um punhado de benjoim com folhas de mamona maceradas. Encharque nessa água um pano de chão limpo, torça e passe na casa toda. Depois, jogue fora esse pano numa lixeira bem longe de casa.

OBALUAIÊ / OMOLU

PROTEÇÃO ESPIRITUAL

OFERENDA PARA ATRAIR POSITIVIDADE

Ingredientes
1 colher de sopa de açúcar cristal
1 prato de papelão
1 vela
150 g de milho de pipoca
3 colheres de azeite doce
7 moedas

Modo de fazer
Estoure o milho de pipoca na panela com o azeite doce. Deixe esfriar. Junte a essa pipoca o açúcar cristal e coloque a mistura no prato. Leve tudo a um campo aberto. Coloque as moedas por cima. Arrie a oferenda e acenda a vela ao lado. Peça a Omolu que só o positivo aconteça na sua vida.

OBALUAIÊ / OMOLU

TRABALHO E PROSPERIDADE

PARA UM DEVEDOR PAGAR VOCÊ

Ingredientes
3 grãos de pimenta-da-costa

Modo de fazer
Mastigue, em jejum, os grãos de pimenta e diga o nome do devedor atrás da sua porta de entrada. Peça a Omolu para o devedor vir lhe pagar.

OBALUAIÊ / OMOLU

TRABALHO E PROSPERIDADE

PARA PROSPERIDADE

Ingredientes
1 prato de papelão
7 moedas
7 quibes redondos
Doburu

Modo de fazer
Coloque os quibes no prato e cubra-os com doburu. Coloque as moedas em cima. Arrie a oferenda debaixo de uma árvore bonita e sem espinhos, fazendo os seus pedidos a Omolu.

OBALUAIÊ / OMOLU

SAÚDE

PARA A DOENÇA NÃO ENTRAR NA SUA CASA

Ingredientes
1 balde com água
1 folha de boldo
1 folha de mamona
1 folha de saião
1 sol em forma de enfeite

Modo de fazer
Esfregue as folhas no balde com água até sair o sumo e lave o sol. Deixe-o em algum lugar de frente para a sua entrada. Peça a Omolu que nem doenças, nem moléstias atinjam sua casa.

OBALUAIÊ / OMOLU

SAÚDE

PARA AFASTAR DOENÇAS

Ingredientes
1 prato de papelão
250 g de canjica
250 g de milho de pipoca
3 colheres de sopa de azeite doce
Açúcar cristal

Modo de fazer
Cozinhe a canjica. Escorra a água da canjica e deixe esfriar. Estoure a pipoca no azeite e deixe esfriar. Coloque numa metade do prato a canjica, e na outra, a pipoca. Polvilhe açúcar cristal em cima. Deixe a oferenda em um campo aberto e peça saúde a Omolu.

OBALUAIÊ / OMOLU

SAÚDE

OFERENDA A OMOLU PARA PROBLEMAS NAS PERNAS

Ingredientes
1 folha de papel branco
1 perna de cera
1 prato de papelão grande
250 g de milho de pipoca
7 bistecas suínas
7 velas
Areia limpa de praia
Azeite doce

Modo de fazer
Passe os carrés no azeite. Deixe esfriar. Estoure o milho de pipoca na areia. Escreva o nome da pessoa sete vezes, a lápis, no papel e coloque dentro da perna de cera. Posicione a perna no meio do prato. Arrume os carrés em volta. Cubra tudo com a pipoca. Regue a oferenda com azeite. Arrie em um campo aberto, numa segunda-feira. Acenda as velas ao redor e faça seus pedidos a Omolu.

OXUMARÊ

AMOR

BANHO DE ATRAÇÃO

Ingredientes
1 colher de café de noz moscada ralada
1 colher de sopa de açúcar cristal
1 colher de sopa de pó de sândalo
1 roupa íntima verde
100 g de sementes de girassol
500 ml de água

Modo de fazer
Cozinhe todos os ingredientes numa panela com água. Coe a mistura e deixe esfriar. Tome o seu banho normal e depois jogue essa água do pescoço para baixo. Faça seus pedidos para que o poder de atração de Oxumarê recaia sobre você. Não se seque por completo. Tire o excesso, apalpando a toalha. Use sua roupa íntima verde.

OXUMARÊ

PARA SEU AMOR SE CASAR COM VOCÊ

Ingredientes
1 fita verde
1 par de alianças (não precisa ser de ouro)
1 vaso de jiboia

Modo de fazer
Escreva o nome do seu amor na fita, com caneta azul. Escreva o seu por cima, formando um emaranhado. Amarre as alianças com a fita e coloque-as no fundo do vaso de planta. Peça a Oxumarê a realização de seu casamento. Quando se casar, você deverá levar a planta para a sua nova casa.

OXUMARÊ

AMOR

PARA AMANSAR A PESSOA AMADA

Ingredientes
1 batata-doce
1 folha de papel branco de seda
1 prato branco virgem
1 vela amarela
1 vela verde
Azeite doce
Açúcar cristal

Modo de fazer
Escreva o nome da pessoa dezesseis vezes no papel, recorte o papel em formato de coração, e coloque no prato. Cozinhe a batata. Descasque-a e deixe esfriar. Junte um pouquinho de azeite e amasse as batatas com as mãos até fazer um purê. Molde o purê na forma de um coração (do mesmo tamanho do desenhado) e coloque em cima do papel. Polvilhe açúcar cristal no coração e o alise, fazendo os seus pedidos. Deixe tudo em um jardim bonito, acendendo as velas de forma unida.

OXUMARÊ

PROTEÇÃO ESPIRITUAL

CONTRA ROUBOS OU ASSALTOS EM CASAS COMERCIAIS

Ingredientes
1 muda de jiboia
1 pedra de carvão de coque
1 pingente de cobra em metal
1 vaso de planta
Terra

Modo de fazer
Coloque a pedra e o pingente no fundo do vaso de planta. Cubra com terra e plante a jiboia em cima. Posicione o vaso na entrada do estabelecimento.

OXUMARÊ

TRABALHO E PROSPERIDADE

PARA ATRAIR PROSPERIDADE

Ingredientes
1 tigela
7 folhas-da-fortuna
7 moedas de mesmo valor

Modo de fazer
Em um dia de chuva, pela manhã, apare a água na tigela já com as moedas e as folhas-da-fortuna. Regue os cantos de sua casa com essa água dizendo: "Assim como as águas de Oxumarê trazem o crescimento de todos os vegetais da terra, que ele traga prosperidade e o meu crescimento financeiro."

OXUMARÊ

SAÚDE

PARA LEVANTAR O ASTRAL

Ingredientes
1 balde
1 samambaia de poço
2 batatas-doces
14 folhas de saião

Modo de fazer
Macere as ervas em um balde com cerca de um litro de água. Cozinhe as batatas, amasse-as e faça catorze bolas. Depois, vá debaixo de uma palmeira e passe cada bola pelo corpo e deixe cair no chão. Em seguida, pule por cima dessas bolas. Em casa, tome o banho de ervas.

OXUM

PARA CASAR

Ingredientes
1 melão
1 obi claro
1 par de alianças
1 punhado de feijão fradinho torrado e moído
1 retrós de linha azul-claro
1 tigela de louça branca
2 velas
Açúcar cristal
Cominho
Fava de aridan ralada
Noz-moscada ralada
Patchouli em pó
Pemba amarela

Modo de fazer
Divida o melão ao meio e tire os caroços. Escreva o nome da pessoa oito vezes, a lápis, em um papel branco, com o seu por cima, e coloque no fundo de uma das metades do melão. Faça uma mistura com os pós e salpique em cima do papel. Amarre as alianças com a linha azul. Depois, arrume-as ali. Abra o obi por cima. Ponha o feijão fradinho sobre o obi. Feche com a outra metade do melão. Arrie em uma cachoeira e faça os seus pedidos a Oxum. Acenda as velas de forma unida.

OXUM

AMOR

PARA ADOÇAR A PESSOA AMADA

Ingredientes
1 ovo
1 tigela de louça branca
2 velas
Açúcar cristal
Canela em pó
Erva-doce

Modo de fazer
Faça um furo em cima do ovo para tirar a clara. Escreva oito vezes o nome da pessoa que deseja adoçar, a lápis, em um papel branco e coloque dentro do ovo. Misture os pós e também coloque dentro do ovo. Feche o buraco com esparadrapo. Arrie debaixo de uma árvore frondosa ou florida. Escreva o seu nome em uma vela, e em outra, o nome da pessoa que quer adoçar. Acenda as velas de forma unida e faça os seus pedidos a Oxum.

OXUM

AMOR

PARA PRENDER A PESSOA AMADA DENTRO DE CASA

Ingredientes
1 muda de girassol
1 peça de roupa íntima da pessoa e outra sua
1 vaso de planta
Açúcar cristal
Cascas de 8 maçãs vermelhas
Fava de Oxum
Fava de aridan ralada

Modo de fazer
Amarre a peça íntima da pessoa que deseja prender com a sua, por exemplo, uma calcinha com uma cueca, ou um lenço seu com uma meia dele etc. Enterre as peças no fundo de um vaso de planta. Cubra com a mistura de favas e açúcar. Por último, coloque as cascas de maçã. Cubra com terra e plante a muda. Coloque o vaso na entrada da porta de casa. Toda vez que regar essa planta, repita: "Cresce enquanto cresce. Toda vez que você crescer, o amor dele(a) por mim ficará maior. Assim como você, plantinha, está presa na terra, ele(a) também está preso(a) em casa."

OXUM

AMOR

PARA UNIÃO

Ingredientes
1 alguidar pequenininho
1 coração de cera
2 velas
Arroz branco cru
Açúcar cristal
Canela em pó
Erva-doce

Modo de fazer
Escreva o nome da pessoa cinco vezes em um papel branco, a lápis, lembrando de acrescentar o seu por cima. Enfie dentro do coração de cera. Encha com canela, erva-doce e açúcar cristal. Coloque no alguidar. Cubra com o arroz. Salpique com um pouco mais de açúcar cristal. Leve a oferenda a uma cachoeira. Faça os seus pedidos a Oxum ao acender as velas de forma unida.

OXUM

AMOR

PARA UNIÃO II

Ingredientes
1 alguidar
2 maçãs
2 velas
Açúcar cristal
Canela em pó
Erva-doce
0,5 m de fita azul-claro
Água de flor de laranjeira

Modo de fazer
Tire as tampas das maçãs e raspe-as para criar um côncavo. Coloque ali o nome das pessoas que deseja unir, escrito oito vezes em um papel branco, a lápis. Coloque em uma maçã o nome da mulher, e na outra, o nome do homem. Faça um laço, unindo as duas maçãs. Coloque-as no fundo do alguidar. Polvilhe cada ingrediente por cima, sendo, por último, o açúcar cristal. Pingue cinco gotas da água de flor de laranjeira. Arrie debaixo de uma árvore bem bonita. Acenda as velas de forma unida, fazendo os seus pedidos a Oxum.

OXUM

AMOR

PARA CONQUISTAR A PESSOA AMADA

Ingredientes
1 colher de café de açúcar cristal
1 fava de aridan
Noz-moscada ralada
Pemba branca
Pó de patchouli

Modo de fazer
Rale a pemba e a fava e misture com o restante dos ingredientes. Passe nas mãos todas as vezes que for se encontrar com a pessoa amada ou passe no telefone quando vocês dois estiverem conversando.

OXUM

AMOR

PARA ENCANTAR A PESSOA AMADA

Ingredientes
1 copo
1 folha de papel branco
1 melão descascado
1 tigela média
1 vela amarela
Açúcar cristal

Modo de fazer
Escreva o nome da pessoa oito vezes, a lápis, no papel branco. Escreva o seu por cima, também oito vezes, fazendo um emaranhado. Coloque no fundo da tigela. Corte o melão em vários pedaços e misture com açúcar cristal. Coloque-os em cima do papel. Acenda uma vela junto a um copo com água e peça a Oxum para encantar a pessoa que você ama. Depois do terceiro dia, despache essa oferenda em grama limpa ou debaixo de uma árvore frondosa.

OXUM

AMOR

BANHO DE ENCANTAMENTO

Ingredientes
1 vasilha
3 colheres de chá de açúcar cristal
3 folhas de colônia
3 gotas de perfume
3 rosas amarelas (somente as pétalas)

Modo de fazer
Macere as rosas e as folhas de colônia em uma vasilha contendo cerca de um litro de água. Pingue as gotas de perfume e adicione as colheres de açúcar cristal. Misture tudo com as mãos, fazendo os seus pedidos. Tome o seu banho comum e despeje esse banho de encantamento do pescoço para baixo. Peça a Oxum que encante você para o seu amor. Use e abuse de roupas sensuais.

OXUM

PARA OXUM ABENÇOAR O SEU CASAMENTO

Ingredientes
1 folha de papel branco de seda
1 par de alianças (pode ser de bijuteria)
1 pires pequeno
1 quindim pequeno
1 vela amarela
Açúcar cristal

Modo de fazer
Escreva o nome da pessoa oito vezes, a lápis, no papel e o seu por cima, também oito vezes, fazendo um emaranhado. Transfira o papel para um pires. Coloque as alianças por cima. Depois, acrescente um quindim sobre as alianças. Polvilhe com um pouco de açúcar cristal. Vá a um jardim de manhã bem cedo e peça a Oxum para abençoar o seu casamento. Acenda a vela nessa intenção.

OXUM

PROTEÇÃO ESPIRITUAL

PARA TER A PROTEÇÃO DE OXUM

Ingredientes
1 balde
5 galhos de manjericão
5 rosas amarelas
1 roupa amarela
Essência de pêssego

Modo de fazer
Esfregue, em meio balde de água, as pétalas das cinco rosas amarelas, o manjericão e cinco gotas de essência de pêssego. Tome seu banho normal e jogue essa mistura do pescoço para baixo. Coloque uma peça de roupa amarela.

OXUM

TRABALHO E PROSPERIDADE

PARA ATRAIR PROSPERIDADE

Ingredientes
1 quartinha (jarro pequeno) de barro com asa
5 conchas tipo Shell
5 moedas do mesmo valor
5 punhados de arroz com casca
5 ramos de trigo

Modo de fazer
Coloque as moedas, as conchas e o arroz dentro da quartinha de barro. Enfeite com os ramos de trigo. Use a quartinha como se fosse um adorno, atrás de sua porta de entrada. Peça a Oxum para trazer prosperidade para a sua casa e família.

OXUM

TRABALHO E PROSPERIDADE

PARA ATRAIR PROSPERIDADE II

Ingredientes
1 estrela-do-mar de cinco pontas
1 prato amarelo
1 punhado de arroz com casca
1 punhado de feijão fradinho
1 punhado de sementes de girassol
1 punhado de lentilha
1 punhado de milho vermelho
5 moedas correntes

Modo de fazer
Coloque em cada ponta da estrela um punhado de grão diferente, ou seja, numa ponta, apenas girassol, na outra ponta, feijão, e assim por diante, e uma moeda. Coloque no prato e deixe dentro de seu comércio, em um local alto. Faça os seus pedidos a Oxum.

OXUM

TRABALHO E PROSPERIDADE

PARA ATRAIR BOA SORTE

Ingredientes
1 breve (saquinho) amarelo
1 punhado de feijão fradinho
5 moedas de mesmo valor

Modo de fazer
Coloque o feijão fradinho juntamente com as moedas em um breve. Arrume de forma bem discreta atrás de sua porta de entrada, em um local alto. Peça a Oxum boa sorte para o seu lar.

OXUM

TRABALHO E PROSPERIDADE

PARA HARMONIA NO AMBIENTE DE TRABALHO

Ingredientes
1 alguidar
1 folha de papel branco
1 vela
5 pedras de gelo
Farinha de acaçá

Modo de fazer
Escreva os nomes de todos os funcionários ou chefe que deseja acalmar no papel, a lápis. Coloque o papel no fundo do alguidar. Desmanche o acaçá na água e jogue por cima dos nomes. Por último, coloque as pedrinhas de gelo. Arrie em um local úmido. Acenda a vela e faça os seus pedidos.

OXUM

SAÚDE

OFERENDA A OXUM PARA PROBLEMAS DE BARRIGA

Ingredientes
1 cebola branca
1 folha de papel branco
1 tigela de louça branca
8 ovos
8 palmas amarelas
8 velas de cera
1kg de feijão fradinho
Azeite doce
Açúcar cristal
Camarão seco

Modo de fazer
Cozinhe e escorra o feijão fradinho. Cozinhe os ovos. Lave o camarão. Refogue o feijão no azeite, cebola e camarão. Deixe esfriar. Escreva o nome da pessoa oito vezes, a lápis, em um papel branco. Coloque o papel no fundo da tigela. Cubra o papel com o feijão já refogado. Arrume os ovos descascados por cima do feijão. Salpique com o açúcar cristal, fazendo os seus pedidos. Deixe a oferenda perto de uma cachoeira, em um sábado bonito. Acenda as velas ao redor e enfeite a oferenda com as palmas. Reforce os seus pedidos a Oxum.

LOGUN EDÉ

AMOR

PARA ENCANTAR O SEU AMOR

Ingredientes
2 peixinhos dourados em forma de pingente

Modo de fazer
Um pingente ficará com você para usá-lo em um cordão. O outro deve ser passado pelo seu corpo todo, sem que a pessoa veja, mentalizando os seus pedidos. Dê de presente para o seu amor. Peça a Logun Edé para encantar quem você ama.

LOGUN EDÉ

AMOR

PARA AMARRAR A PESSOA AMADA

Ingredientes
1 cocada branca
1 coração de cera
1 fita amarela
1 folha de papel amarelo
1 pano ou 0,5 m de morim azul-claro

Modo de fazer
Escreva o nome do seu amor seis vezes, a lápis, no papel, com o seu por cima, fazendo um emaranhado. Coloque o papel dentro do coração. Desfaça uma cocada branca e encha o coração. Enrole o coração no pano ou no morim. Amarre com a fita, dizendo a seguinte frase: "Eu estou amarrando fulano(a) a mim, sob a proteção de Logun Edé." Enterre o coração debaixo de uma árvore bem bonita.

LOGUN EDÉ

PROTEÇÃO ESPIRITUAL

PARA TER A PROTEÇÃO DE LOGUN EDÉ

Ingredientes
1 balde pequeno
1 metro de linha azul-turquesa
1 pingente de *abebé*
1 pingente de *ofá*
500 ml de água
6 folhas de dólar
6 galhinhos de oriri

Modo de fazer
Macere as plantas em um balde com 500 ml de água. Coloque os pingentes, esfregue-os e depois os deixe por seis minutos dentro do balde. Ao tirá-los, não os seque. Amarre-os com a linha. Guarde na sua bolsa ou na sua carteira.

LOGUN EDÉ

TRABALHO E PROSPERIDADE

PARA ATRAIR PROSPERIDADE

Ingredientes
1 colher de café de açúcar cristal
1 colher de café de noz-moscada ralada
1 fava de Logun Edé
1 pedaço de morim amarelo
1 pedaço de morim azul-claro
1 punhado de feijão fradinho
1 punhado de milho vermelho
6 cravos-da-índia (sem a cabeça)

Modo de fazer
Faça uma trouxa com os dois morins. Dentro da trouxa, coloque cada um dos ingredientes, mentalizando os seus pedidos. Coloque atrás da sua porta de entrada, numa lua cheia ou crescente, fazendo os seus pedidos de prosperidade para Logun Edé.

LOGUN EDÉ

TRABALHO E PROSPERIDADE

PARA PASSAR EM UM CONCURSO

Ingredientes
1 *ofá* em miniatura
1 folha de saião

Modo de fazer
Lave o *ofá* com sumo de folha de saião. Segure o *ofá* e diga com fé: "Assim como Logun Edé e o pai (Oxóssi) são rápidos e certeiros em seus alvos, que eu, (diga o seu nome), tenha sucesso na prova." No dia da prova, coloque o *ofá* na carteira ou na bolsa que você usará. Só despache o *ofá* no dia do resultado, em grama limpa.

XANGÔ

PARA CONQUISTAR O(A) AMADO(A)

Ingredientes
1 coração de cera com a boca larga
1 folha de papel vermelho
1 vela branca
1 vela vermelha
6 quiabos
Azeite doce
Açúcar cristal

Modo de fazer
Escreva o nome da pessoa amada, a lápis, no papel, com o seu por cima, formando um emaranhado. Coloque-o dentro do coração de cera. Corte seis quiabos bem miudinhos, misture com açúcar cristal, azeite doce e encha o coração com essa mistura. Enterre o coração embaixo de uma árvore bem bonita e sem espinhos. Acenda as velas unidas e faça seus pedidos a Xangô.

XANGÔ

AMOR

PARA AUMENTAR O APETITE SEXUAL

Ingredientes
1 fava pequena de aridan
1 pemba vermelha
Açúcar cristal

Modo de fazer
Rale a fava e a pemba. Misture-as com o açúcar cristal. Passe no seu corpo durante sete dias seguidos e faça seus pedidos a Xangô.

XANGÔ

PARA PRENDER SEU AMOR DENTRO DE CASA

Ingredientes
1 fita vermelha
1 folha de papel branco de seda
1 quiabo bonito e mais reto
1 vaso de planta

Modo de fazer
Coloque a fita vermelha no chão da porta de entrada da sua casa, de modo que quem você ama passe por cima dela. Pegue o quiabo e corte-o ao meio. Depois, escreva o nome dele(a) no papel, a lápis, e o seu por cima, formando um emaranhado, e coloque o papel entre as metades. Pegue a fita vermelha e amarre as duas partes do quiabo, de forma unida, bem forte. Enterre o quiabo em um vaso de planta e não o tire de casa. Peça a Xangô para que o seu amor fique sempre ao seu lado.

XANGÔ

AMOR

PARA O SEU AMOR FICAR GAMADO EM VOCÊ

Ingredientes
1 coração de cera
1 orobô
1 papel branco
1 vela branca
1 vela vermelha
Açúcar cristal

Modo de fazer
Escreva o nome da pessoa amada doze vezes no papel, a lápis, com o seu por cima. Coloque o papel dentro do coração de cera. Rale o orobô e misture-o com açúcar cristal. Coloque a mistura dentro do coração. Enterre o coração nos pés de uma árvore bem bonita e sem espinhos. Acenda as velas unidas sobre a oferenda, fazendo os seus pedidos a Xangô, para que a pessoa amada fique gamada em você.

XANGÔ

AMOR

PARA TRAZER A PESSOA AMADA DE VOLTA

Ingredientes
1 vaso de planta da felicidade
1 vidro de maionese limpo
2 velas brancas
12 pedaços de papel branco
12 quiabos inteiros
Açúcar cristal
Palitos de dente

Modo de fazer
Lave os quiabos. Corte-os ao meio, na vertical. Escreva nos pedaços de papel, a lápis, o nome da pessoa amada, o seu por cima. Coloque cada papel no meio de cada quiabo cortado. Una os quiabos com os palitos. Guarde-os dentro do vidro. Cubra totalmente os quiabos com açúcar cristal. Feche o vidro. Enterre num vaso de planta e acenda as velas, de forma unida, fazendo os seus pedidos a Xangô.

XANGÔ

PROTEÇÃO ESPIRITUAL

BANHO DE DESCARREGO

Ingredientes
1 balde com um litro de água
1 roupa clara
1 vela branca
12 folhas de negra-mina
12 folhas de saião

Modo de fazer
Macere as ervas no balde com as mãos. Após seu banho normal, jogue a mistura da cabeça aos pés. Não seque o corpo, apenas tire o excesso, apalpando com a toalha. Vista roupas claras e acenda uma vela para Xangô. Faça seus pedidos a seguir.

XANGÔ

TRABALHO E PROSPERIDADE

PARA ABRIR CAMINHOS E ATRAIR PROSPERIDADE

Ingredientes
1 balde
1 fava de alibé
1 metro de morim branco
1 orobô
12 folhas-da-fortuna
12 quiabos

Modo de fazer
Em uma manhã de quarta-feira, pisar no morim e passar pelo corpo os quiabos, o orobô e a fava, deixando cair no morim. Depois, faça uma trouxa e enterre debaixo de uma árvore frondosa. Em casa tome banho com folhas-da-fortuna maceradas em um balde com água, do pescoço para baixo.

XANGÔ

TRABALHO E
PROSPERIDADE

PARA VENDER, COMPRAR OU ALUGAR IMÓVEL

Ingredientes
1 chave de cera
1 pratinho de papelão
6 gotas de dendê

Modo de fazer
Coloque a chave no pratinho e pingue seis gotas de dendê, mentalizando os seus pedidos. Depois, despache-o numa encruzilhada aberta e peça ao Exu de Xangô para abrir os caminhos para aquele imóvel.

XANGÔ

TRABALHO E PROSPERIDADE

PARA RESOLVER CASOS DE JUSTIÇA

Ingredientes
1 gamela alongada
1 kg de quiabo
2 colheres de sopa de azeite doce
4 colheres de sopa de açúcar cristal

Modo de fazer
Lave os quiabos e separe os doze mais bonitos e retos. Corte o restante em pedaços bem pequenos e coloque-os na gamela. Junte o açúcar cristal e o azeite doce. Bata a mistura com a mão direita até soltar bastante baba do quiabo. Enfeite a oferenda com os doze quiabos. Arrie em cima de uma pedra próximo a uma pedreira ou debaixo de uma árvore frondosa, sem espinhos. Peça a Xangô que resolva a sua pendência com a justiça.

XANGÔ

TRABALHO E PROSPERIDADE

PARA COMPRAR OU VENDER UM IMÓVEL

Ingredientes
1 folha de papel branco
1 gamela
1 kg de quiabo
12 chaves de cera
12 velas
Azeite doce
Açúcar cristal

Modo de fazer
Reserve doze quiabos, inteiros e lavados. Lave os demais e tire as pontas. Corte-os em rodelas pequenas e coloque-os em uma bacia. Acrescente um pouco de azeite, água e açúcar, e misture-os bem, com a mão esquerda, até ficar viscoso. Escreva doze vezes o nome do estabelecimento no papel, a lápis, e coloque na gamela. Despeje a mistura por cima. Enfeite com as chaves e os quiabos, formando uma espécie de coroa. Leve a oferenda e deposite em uma pedreira, numa quarta-feira, com as velas ao redor. Faça os seus pedidos a Xangô.

IANSÃ

PARA ADOÇAR E AMARRAR O(A) AMADO(A)

Ingredientes
1 acarajé de rua
1 folha de papel cor-de-rosa
1 pedaço pequeno de morim cor-de-rosa
Açúcar cristal

Modo de fazer
Compre um acarajé de uma baiana de rua. Peça para ela o abrir, mas não a deixe acrescentar nenhum tempero ou ingrediente. Leve a iguaria para casa e escreva o nome da pessoa amada quatro vezes, a lápis, no papel. Escreva o seu por cima, formando um emaranhado. Coloque o papel no meio do acarajé e o encha com açúcar cristal. Enrole o acarajé no morim e enterre-o debaixo de uma árvore frondosa. Faça seus pedidos a Iansã.

IANSÃ

AMOR

PARA AMARRAR O SEU AMOR

Ingredientes
1 acarajé
1 fita vermelha
1 folha de papel cor-de-rosa
2 velas brancas
Azeite doce
Açúcar cristal

Modo de fazer
Frite um bolinho de acarajé no azeite doce e deixe esfriar. Escreva o nome da pessoa amada nove vezes no papel e o seu por cima, também nove vezes, a lápis, formando um emaranhado. Abra o acarajé e coloque o papel no meio. Passe a fita em volta do acarajé, unindo as duas metades novamente. Polvilhe um pouco de açúcar cristal por cima. Arrie em algum bambuzal. Acenda as velas unidas e faça os seus pedidos de união para Iansã.

IANSÃ

PROTEÇÃO
ESPIRITUAL

PARA TER A PROTEÇÃO DE IANSÃ

Ingredientes
1 fava de Iansã
1 pedaço de bambu
1 ímã em formato de ferradura
4 galhos pequenos de para-raios

Modo de fazer
Coloque atrás da porta principal de sua casa o pedaço de bambu contendo nos gomos o ímã em formato de ferradura, a fava de Iansã e os galhos de para-raios. Renove tudo de quatro em quatro meses, despachando o antigo numa lixeira longe de casa.

IANSÃ

PROTEÇÃO
ESPIRITUAL

PARA AFASTAR A NEGATIVIDADE I

Ingredientes
1 balde
1 pedaço de bambu
9 galhos de para-raio

Modo de fazer
Macere o para-raio em um balde com água e deixe o bambu imerso na mistura por nove horas. Depois, coloque-o atrás da sua porta de entrada. Despache esse bambu no dia 4 de dezembro e torne a repetir esse ritual.

IANSÃ

PROTEÇÃO
ESPIRITUAL

PARA AFASTAR A NEGATIVIDADE II

Ingredientes
1 pedaço pequeno de bambu
9 galhos de espada-de-santa-bárbara

Modo de fazer
Passe o pedaço de bambu da cabeça aos pés e despache em um local verde, bem longe da sua casa. Ferva a espada-de-santa-bárbara em 1 litro de água e deixe esfriar. Jogar esse banho do pescoço para baixo. Use roupas claras no dia.

IANSÃ

PROTEÇÃO
ESPIRITUAL

PARA A LIMPEZA DE AMBIENTE

Ingredientes
1 saco branco
9 galhos de para-raio
9 folhas de peregum

Modo de fazer
Segure o maço de para-raio com a mão direita e o peregum com a mão esquerda e bata em cada canto do ambiente. Depois, varra e coloque tudo num saco branco. Despache em um campo aberto.

IANSÃ

PROTEÇÃO
ESPIRITUAL

OFERENDA A IANSÃ PARA AFASTAR EGUM

Ingredientes
1 alguidar médio
1 cebola branca
500 g de feijão fradinho
9 velas
Camarão seco

Modo de fazer
Escolha o feijão fradinho e bata os grãos no liquidificador, de forma que não fiquem totalmente triturados. Deixe de molho até que a casca se solte por completo. Troque a água quantas vezes for necessário. Escorra o feijão e torne a bater os grãos no liquidificador, com a cebola ralada e o camarão (previamente lavado). Bata a massa com uma colher de pau até que fique consistente. Frite nove colheradas no azeite. Deixe os bolinhos esfriarem. Escreva o nome da pessoa nove vezes, a lápis, em um papel branco e coloque dentro do alguidar. Faça essa oferenda no pé de um bambuzal. Passe cada bolinho no corpo e vá arrumando dentro do alguidar, por cima do papel com o nome. No final, acenda as velas e faça os seus pedidos a Iansã.

IANSÃ

TRABALHO E PROSPERIDADE

PARA ATRAIR PROSPERIDADE

Ingredientes
1 manga
1 folha de papel
1 alguidar de barro
5 frutas vermelhas variadas
Açúcar cristal

Modo de fazer
Escreva no papel o seu pedido de prosperidade. Coloque no fundo do alguidar. Arrume as frutas em cima do papel. Polvilhe as frutas com açúcar cristal. Deixe na porta de um banco com muito movimento, na lua cheia. Faça os seus pedidos a Iansã.

OBÁ

AMOR

PARA A PESSOA PROCURAR VOCÊ

Ingredientes
1 prato de papelão
2 folhas de taioba
500 g de canjica
15 quiabos
Fava de alibé
Punhado de açúcar cristal

Modo de fazer
Forre o prato com as folhas de taioba. Cozinhe a canjica, escorra, deixe esfriar e coloque por cima das folhas. Corte quinze quiabos em rodelas e cubra a canjica. Rale o alibé e misture-o ao açúcar. Polvilhe essa mistura por cima de tudo. Deixe por dois dias dentro de casa e depois despache debaixo de uma árvore florida.

OBÁ

PROTEÇÃO ESPIRITUAL

CONTRA PESADELOS E MALES NOTURNOS

Ingredientes
1 saquinho feito de morim amarelo
2 folhas de mutamba

Modo de fazer
Antes de dormir, esfregue as folhas com as duas mãos fazendo os seus pedidos. Coloque as folhas maceredas no saquinho debaixo do seu travesseiro. Depois de quinze dias, despache as folhas debaixo de uma árvore sem espinhos e jogue o saquinho no lixo.

OBÁ

TRABALHO E
PROSPERIDADE

PARA ARRUMAR EMPREGO

Ingredientes
1 l de água
1 molho de elevante
1 molho de erva-prata
15 bandeirinhas, 8 amarelas e 7 vermelhas

Modo de fazer
Macere as ervas em um litro de água e coe. Após o seu banho normal, jogar o banho de ervas da cabeça aos pés. Depois, vista-se de branco e suba um barranco com as bandeirinhas. Rode as bandeirinhas sobre a cabeça e finque-as, de forma alternada, em qualquer lugar no chão.

OBÁ

TRABALHO E PROSPERIDADE

PARA ATRAIR DINHEIRO

Ingredientes
1 romã bem bonita
1 prato de papelão
15 moedas do mesmo valor
250 g de feijão fradinho
Punhado de açúcar cristal

Modo de fazer
Coloque a romã no centro do prato. Depois, coloque as moedas em volta dessa romã. Triture o feijão, misture-o com o açúcar e cubra tudo. Deixe por vinte e quatro horas em casa, e depois despache junto a uma árvore próxima a uma praça movimentada.

OBÁ

SAÚDE

PARA AFASTAR DOENÇAS

Ingredientes
1 caixa de papelão pequena
1 peça de roupa da pessoa doente
1 pemba branca
1 orobô
15 folhas de amendoeira
15 moedas de qualquer valor
Fita crepe

Modo de fazer
Forre a caixa com a sua roupa ou a da pessoa doente. Arrume as folhas e as moedas em cima da roupa. Coloque o orobô no centro. Rale a pemba e polvilhe em cima de tudo. Lacre a caixa com a fita e despache-a próximo a um hospital.

EUÁ

AMOR

PARA A PESSOA SE APAIXONAR POR VOCÊ

Ingredientes
1 prato de papelão
1 rosa amarela sem espinhos
1 rosa vermelha sem espinhos
14 folhas de pega-pinto
2 maçãs vermelhas
Papel vermelho

Modo de fazer
Coloque as folhas no prato. Escreva o nome da pessoa catorze vezes no papel, com o seu por cima, fazendo um emaranhado, e coloque por cima das folhas. Corte as maçãs em miúdos e cubra os nomes. Pegue as rosas e finque-as em cima dessas maçãs. Arrie essa magia debaixo de uma árvore florida.

EWÁ

PROTEÇÃO
ESPIRITUAL

SEGURANÇA DE AMBIENTES

Ingredientes
1 fava de Euá
1 obi claro
1 olho-de-boi fêmea
1 panelinha de barro
1 ímã redondo
14 moedas douradas e de mesmo valor
Punhado de açúcar mascavo
Punhado de sementes de girasol

Modo de fazer
Coloque o ímã e as moedas dentro da panelinha. Depois, arrume a fava, o olho-de-boi e o obi. Misture o girassol com o açúcar e cubra tudo. Deixe essa panelinha atrás de uma porta.

EWÁ

TRABALHO E PROSPERIDADE

PARA ABRIR PORTAS E SEGURAR TRABALHO

Ingredientes
1 folha de taioba
1 moeda de 1 real
1 pedaço de pano listrado de amarelo e vermelho
1 pedra pequena de quartzo rosa

Modo de fazer
Faça um saquinho com o pano. Embrulhe a moeda na folha de taioba e coloque dentro do saquinho. Coloque também a pedra de quartzo rosa. Quando tiver entrevista de emprego ou for trabalhar, coloque esse amuleto na bolsa ou carteira.

EWÁ

SAÚDE

PARA AFASTAR PERTURBAÇÕES

Ingredientes
1 balde
14 folhas de erva-de-santa-luzia
14 folhas de saião
7 folhas de peregum
Pedaço de sabão de coco
Roupa branca

Modo de fazer
Macere as ervas em meio balde com água. Tome primeiro um banho com o sabão de coco. Depois, coe o banho de ervas e jogue-o da cabeça aos pés. Vista-se de branco.

IEMANJÁ

AMOR

PARA UNIÃO

Ingredientes
1 pires
2 gemas de ovo
2 velas
Açúcar cristal
Canela em pó
Erva-doce
Noz-moscada ralada
Patchouli ralado

Modo de fazer
Escreva o nome da pessoa que está afastada oito vezes, a lápis, no papel. Escreva o seu nome por cima, também oito vezes. Coloque o papel no pires. Faça uma mistura com os outros ingredientes e despeje em cima do papel. Por último, coloque as gemas em cima de tudo, uma ao lado da outra, formando um par de olhos. Arrie debaixo de uma árvore bonita e frondosa ou em um jardim, acendendo as velas de forma unida. Peça a Iemanjá e a Oxum para que aquela pessoa só tenha olhos para você. Que adoce a pessoa, trazendo-a de volta.

IEMANJÁ

AMOR

PARA ADOÇAR E AMARRAR O(A) AMADO(A)

Ingredientes
1 folha de papel branco
1 prato branco
1 punhado de arroz

Modo de fazer
Cozinhe uma porção de arroz e molde com ele uma cabeça humana. Escreva o nome da pessoa amada quatro vezes, a lápis, no papel, com o seu por cima, fazendo um emaranhado. Ponha os nomes no prato, com a cabeça por cima. Arrie a oferenda debaixo de uma árvore frondosa e faça seus pedidos a Iemanjá.

IEMANJÁ

AMOR

PARA TRAZER O(A) AMADO(A) DE VOLTA

Ingredientes
1 punhado de arroz
5 rosas brancas sem espinhos

Modo de fazer
Faça quatro bolinhos de arroz e vá até a praia bem cedo. Pule quatro ondas e jogue os bolinhos um a um. Na nona onda, jogue as cinco rosas brancas. Peça a Iemanjá que o(a) amado(a) volte para você.

IEMANJÁ

PARA PRENDER SEU AMOR

Ingredientes
1 folha de papel branco
1 ovo de pata
1 pedaço de esparadrapo
2 velas azul-claro
Açúcar cristal
Erva-doce
Sândalo em pó

Modo de fazer
Adquira um ovo de pata. Faça um pequeno furo no ovo e tire a clara, deixando só a gema. Escreva o nome de quem ama na tira de papel e escreva o seu nome por cima, fazendo um emaranhado. Coloque o papel dentro do ovo. Faça uma pequena mistura com os outros ingredientes e coloque dentro do ovo. Pelo furo no ovo, diga a Iemanjá tudo o que deseja. Tampe o ovo com um pedaço de esparadrapo. Depois vá a uma praia bem cedo, enterre o ovo na areia e acenda em cima as velas unidas, reforçando seus pedidos a Iemanjá.

IEMANJÁ

AMOR

BANHO DE ATRAÇÃO

Ingredientes
1 balde
4 cravos-da-índia sem a cabeça
4 folhas de colônia
4 folhas de lágrimas-de-nossa-senhora
4 rosas brancas (somente as pétalas)
5 litros de água

Modo de fazer
Macerar todos os ingredientes em um balde com cinco litros de água. Tome o seu banho normalmente. Depois, jogue essa mistura do pescoço para baixo e peça a Iemanjá que todo poder de atração recaia sobre você.

IEMANJÁ

AMOR

PARA UNIÃO

Ingredientes
1 vasilha pequena
2 pingentes de peixinhos prateados
Açúcar cristal
Água do mar

Modo de fazer
Pegue um pouco de água de mar pela manhã (bem cedo) e coloque na vasilha com açúcar cristal. Deixe os peixinhos vinte e quatro horas imersos nessa água. Peça a Iemanjá a união entre você e a pessoa amada. Dê um dos peixinhos para a pessoa amada usar e use o outro, no colar ou no chaveiro.

IEMANJÁ

PROTEÇÃO
ESPIRITUAL

PARA ACALMAR UMA PESSOA

Ingredientes
1 folha de papel branco
1 pedaço de pano branco
1 rosa branca (somente as pétalas)
1 vidro de Água de Melissa
Açúcar cristal

Modo de fazer
Escreva o nome da pessoa quatro vezes no papel. Misture o açúcar cristal na Água de Melissa. Coloque as pétalas e o papel dentro do vidro. Amarre o vidro com um pano branco, pedindo a Iemanjá para acalmar essa pessoa. Depois despache esse vidro debaixo de uma árvore frondosa.

IEMANJÁ

PROTEÇÃO ESPIRITUAL

PARA AFASTAR AS NEGATIVIDADES DE UMA CASA

Ingredientes
1 pedaço de morim branco
1 punhado de arroz
9 moedas correntes prateadas

Modo de fazer
Faça nove bolas de arroz e coloque no morim branco, com as moedas. Faça uma trouxa e corra todos os cantos da casa, pedindo a Iemanjá que toda a negatividade saia e que ela traga paz. Depois, jogue fora em um local que você demore nove dias para revisitar.

IEMANJÁ

TRABALHO E PROSPERIDADE

PARA ATRAIR PROSPERIDADE E FARTURA

Ingredientes
1 pedaço de pano branco
1 punhado de arroz com casca

Modo de fazer
Jogue um punhado de arroz nos cantos de toda a casa e deixe por três dias. Depois, junte tudo em um pano branco e leve para a beira da praia. Peça a Iemanjá prosperidade e fartura.

IEMANJÁ

TRABALHO E PROSPERIDADE

PARA PASSAGEM DE ANO

Ingredientes
1 roupa branca
4 palmas brancas
5 rosas brancas sem espinhos
9 moedas correntes

Modo de fazer
Vista-se de branco e leve os ingredientes ao mar. Segure as palmas com a mão direita, e as rosas, com a esquerda. Mentalize seus pedidos e lance-as no mar. Gire cada moeda ao redor da cabeça, no sentido horário, fazendo os seus pedidos a Iemanjá. Depois, jogue-as também no mar, com muita fé.

IEMANJÁ

TRABALHO E
PROSPERIDADE

PARA IEMANJÁ TRAZER PROSPERIDADE

Ingredientes
1 pires pequeno
1 punhado de arroz branco
1 punhado de arroz com casca
9 moedas prateadas de mesmo valor

Modo de fazer
Misture os dois tipos de arroz e coloque no pires. Enfeite com as moedas por cima. Deixe por nove dias atrás da porta de entrada, pedindo prosperidade. Depois despache em grama bem verde e limpa.

IEMANJÁ

SAÚDE

PARA UMA PESSOA PARAR DE BEBER

Ingredientes
1 corvina
1 pedaço de morim branco

Modo de fazer
Não tire as escamas nem as vísceras da corvina. Consiga restos de comida da pessoa e coloque na boca do peixe. Enrole o peixe no morim e leve à praia bem cedo. Conte nove ondas e depois despache o peixe. Peça a Iemanjá para levar ao fundo do mar o alcoolismo da pessoa.

IEMANJÁ

SAÚDE

PARA TRAZER SAÚDE

Ingredientes
1 copo
1 folha de papel branco
1 tigela média
1 vela de três dias
4 rosas brancas sem espinhos
500 g de canjica
Açúcar cristal

Modo de fazer
Cozinhe a canjica em água e açúcar cristal, depois escorra e deixe esfriar. Escreva o nome do doente quatro vezes, a lápis, no papel e coloque no fundo da tigela. Cubra o nome com a canjica. Depois, coloque quatro rosas brancas em cruz em cima de tudo. Acenda a vela com um copo de água, pedindo a saúde da pessoa. Deixe a oferenda durante três dias dentro de casa, depois despache debaixo de uma árvore frondosa.

IEMANJÁ

SAÚDE

PARA PROBLEMAS DE CABEÇA

Ingredientes
1 cebola branca
1 folha de papel branco
1 kg de canjica
1 peixe vermelho sioba
9 palmas brancas
9 velas brancas
Arroz
Azeite doce
Açúcar cristal
Camarão seco

Modo de fazer
Cozinhe e escorra a canjica. Refogue no azeite, com camarão (previamente lavado) e cebola. Cozinhe o arroz e faça nove bolinhos com ele. Limpe o peixe, tirando somente as vísceras, ou seja, o peixe deve permanecer intacto, com as escamas. Refogue no azeite. Deixe esfriar. Escreva o nome da pessoa nove vezes, a lápis, em um papel branco e coloque no meio da tigela. Cubra com a canjica. Deposite o peixe no meio da canjica e com os bolinhos de arroz em volta. Arriar a oferenda, em uma praia, no sábado, fazendo os seus pedidos a Iemanjá. Acenda velas ao redor de tudo e enfeite com as palmas.

NANÃ

PARA CONQUISTAR O(A) AMADO(A)

Ingredientes
1 cacho de framboesa
1 folha de papel lilás
1 panela de barro pequena
2 velas lilases
Açúcar cristal
Patchouli

Modo de fazer
Escreva o nome do(a) amado(a), a lápis, sete vezes e o seu por cima, formando um emaranhado. Coloque o papel no fundo da panela. Por cima, despeje uma mistura feita com patchouli e açúcar cristal. Enfeite com um cacho de framboesa. Ao lado, acenda as velas unidas e faça seus pedidos a Nanã.

NANÃ

AMOR

PARA MUDAR A CABEÇA DE UMA PESSOA

Ingredientes
1 folha de papel branco
1 repolho roxo
Barbante virgem

Modo de fazer
Compre um repolho roxo pequeno e parta-o ao meio. Escreva o nome da pessoa amada treze vezes, no papel, a lápis. Coloque o papel no meio do repolho. Amarre o repolho com um barbante virgem e enterre-o nos pés de uma árvore bonita. Peça a Nanã que mude a cabeça da pessoa amada a seu favor.

NANÃ

PROTEÇÃO ESPIRITUAL

AFASTAR NEGATIVIDADE DE CASA

Ingredientes
1 balde
1 coruja de louça
1 maço de erva-cidreira
1 maço de macassá
Açúcar cristal

Modo de fazer
Macere as ervas em um balde com água. Acrescente o açúcar cristal. Lave a coruja e a coloque num móvel que fique de frente para sua porta de entrada. Repetir esse ritual a cada três meses, na lua minguante.

NANÃ

TRABALHO E PROSPERIDADE

PASSAR EM CONCURSO

Ingredientes
1 panela de barro pequena
1 pemba branca
13 trevos de quatro folhas
Açúcar cristal

Modo de fazer
Coloque os trevos na panela. Faça seus pedidos em cima dos trevos e cubra-os com açúcar cristal e pemba branca ralada. Despache de manhã cedo e em jejum, perto do local do concurso.

NANÃ

TRABALHO E PROSPERIDADE

PARA PASSAR EM UMA PROVA OU CONCURSO

Ingredientes
7 folhas de manacá

Modo de fazer
Coloque as folhas dentro de um livro que você tenha que estudar. Durma com o livro debaixo de seu travesseiro. Peça a Nanã que você passe na prova ou no concurso.

NANÃ

TRABALHO E PROSPERIDADE

OFERENDA A NANÃ PARA INTELIGÊNCIA

Ingredientes
1 alguidar médio
1 cebola branca
1 folha de papel branco
1 língua de boi
500 g de feijão preto
13 palmas lilases
13 velas lilases
Azeite

Modo de fazer
Cozinhe e escorra o feijão. Cozinhe e refogue a língua no azeite, com cebola e camarão. Deixe esfriar. Escreva o nome da pessoa treze vezes, a lápis, no papel e coloque dentro do alguidar. Cubra com o feijão. Coloque a língua em cima do feijão. Arrie perto de um lago. Acenda as velas e enfeite a oferenda com as palmas, fazendo os seus pedidos a Nanã, em um sábado ou em uma segunda-feira.

IROKO

AMOR

PARA UNIÃO

Ingredientes
1 milho vermelho
1 vaso de planta
Mel de abelha

Modo de fazer
Faça um *acaçá* de milho vermelho, parta-o em duas bandas, coloque o nome da pessoa no meio e regue com mel de abelha. Depois, una as bandas e enterre esse *acaçá* num vaso de planta.

IROKO

PROTEÇÃO ESPIRITUAL

PARA OBTER GRAÇA DE IROKO

Ingredientes
1 bandeirinha verde
1 maçã verde
1 pratinho de papelão

Modo de fazer
Pegue a maçã verde, parta-a ao meio, fazendo duas bandas, e coloque-as num pratinho de papelão. Em cada banda de maçã, finque uma bandeirinha verde e arrie debaixo de um pé de gameleira ou fícus, fazendo seus pedidos.

IROKO

TRABALHO E PROSPERIDADE

PARA DINHEIRO E SORTE EM JOGOS

Ingredientes
1 balde
1 l de água
12 folhas de louro
12 folhas-da-fortuna
12 moedas correntes

Modo de fazer
Macere as folhas em um balde com um litro de água. Passe as moedas pelo corpo, debaixo de uma árvore frondosa, fazendo seus pedidos. Em casa, tome o banho de ervas da cabeça aos pés.

IROKO

TRABALHO E
PROSPERIDADE

PARA ALCANÇAR SUCESSO

Ingredientes
1 folha de taioba
1 laranja
1 prato de papelão
Sementes de girassol

Modo de fazer
Forre o prato de papelão com uma folha de taioba e coloque em cima uma laranja cortada em quatro fatias. Cubra essa laranja com sementes de girassol e arrie debaixo de uma árvore, fazendo seus pedidos.

IROKO

SAÚDE

PARA SAÚDE

Ingredientes
1 balde com água
1 colher de café de dandá-da-costa ralado
1 morim branco
1 pedaço de sabão de coco
500 g de quiabo

Modo de fazer
Em meio balde de água, corte meio quilo de quiabo em miúdos. Esfregue-os até babar. Coloque uma colher de café de dandá-da-costa ralado. Jogue esse banho da cabeça aos pés. Enxágue bem o seu corpo com um pedaço de sabão de coco, retirando toda a sobra do quiabo e dandá. Seque-se com um morim branco e junte as sobras do banho nesse morim, fazendo uma trouxa. Vista-se de branco e faça seus pedidos com fé a Iroko. Peça e pague para alguém despachar a trouxa debaixo de uma árvore, bem longe de sua casa.

IBEJI

AMOR

PARA ADOÇAR O(A) AMADO(A)

Ingredientes
1 folha de papel branco
1 pratinho de aniversário
7 tipos de doces brancos

Modo de fazer
Escreva o nome do(a) amado(a), a lápis, sete vezes no papel, com o seu por cima, formando um emaranhado. Coloque o papel num pratinho de aniversário com sete tipos de doces brancos por cima. Deixe a oferenda em um jardim ou grama limpinha, fazendo seus pedidos a Ibeji.

IBEJI

AMOR

PARA UNIÃO

Ingredientes
1 folha de papel rosa
1 tigela branca pequena
1 vela azul
1 vela rosa
2 quindins amarelos
Algodão
Açúcar cristal
Cravo-da-índia (sem a cabeça)
Erva-doce

Modo de fazer
Escreva oito vezes o nome da pessoa amada, a lápis, no papel, e escreva o seu por cima. Coloque o papel dentro da tigela. Faça uma mistura com erva-doce, açúcar cristal e cravo-da-índia, e jogue em cima do papel com os nomes. Arrume os quindins em cima. Cubra os quindins com o algodão. Acenda as velas, de forma unida, fazendo os seus pedidos, debaixo de uma árvore bem bonita.

IBEJI

PROTEÇÃO ESPIRITUAL

PARA TER A PROTEÇÃO DE IBEJI

Ingredientes
1 balde
1 buquê de flores do campo
16 margaridas brancas
Essência de baunilha

Modo de fazer
Macere as flores em meio balde com água, fazendo os seus pedidos. Acrescente duas gotas de essência de baunilha. Coe, tome esse banho da cabeça aos pés e vista uma roupa bem alegre.

IBEJI

TRABALHO E PROSPERIDADE

PARA TER FARTURA DENTRO DE CASA

Ingredientes
1 cesto de vime
7 variedades de frutas não ácidas e bem bonitas

Modo de fazer
Arrume as frutas no cesto. Deixe durante três dias em sua mesa principal. Depois leve o cesto para debaixo de uma árvore bem florida e peça a Ibeji fartura.

IBEJI

TRABALHO E PROSPERIDADE

PARA COMPRAR OU ALUGAR UMA CASA OU COMPRAR UM CARRO

Ingredientes
1 carro de brinquedo ou 1 casa de brinquedo

Modo de fazer
Segure a casa ou o carro com as duas mãos fazendo seus pedidos. Leve a uma Igreja de São Cosme e Damião. Reforce a Ibeji todos os seus pedidos.

IBEJI

TRABALHO E
PROSPERIDADE

PARA TRAZER FARTURA

Ingredientes
1 cacho de uva rosada
1 cacho de uva verde
1 melão pequeno
1 prato de papelão
3 maçãs vermelhas
3 peras amarelas
Açúcar cristal

Modo de fazer
Arrume as frutas no prato e espalhe por cima um pouco de açúcar cristal. Coloque o arranjo de frutas em cima de uma mesa e deixe dentro de casa por três dias. Faça seus pedidos a Ibeji. Depois, despache as frutas em um gramado limpo e verdinho.

OXALÁ

AMOR

PARA TRAZER FARTURA

Ingredientes
1 cabeça de cera de homem se for para ele ou uma cabeça de cera de mulher se for para ela
1 folha de papel branco
1 garrafa de água mineral sem gás
1 tigela de louça branca
2 velas brancas
500 g de canjica
Algodão
Açúcar cristal
Água de Melissa

Modo de fazer
Cozinhe e escorra a canjica. Deixe esfriar. Misture-a com um pouco de açúcar cristal e Água de Melissa. Escreva o nome da pessoa dezesseis vezes, a lápis, no papel. Coloque o papel no fundo da tigela, com a cabeça de cera por cima. Regue a cabeça com bastante mel (exceto para quem for de Oxóssi, que deve substituir o mel por açúcar cristal). Cubra a cabeça com a mistura da canjica. Por último, envolva tudo em algodão. Arrie em um campo ou em um lugar alto, com a garrafa de água mineral. Acenda as velas de forma unida e faça os seus pedidos a Oxalá para que, além de unir aquela pessoa a você, o Orixá possa cortar toda a negatividade que estiver rodeando os dois.

OXALÁ

AMOR

PARA UNIÃO

Ingredientes
1 casco de *ibi* (caramujo)
1 folha de papel branco
1 pedaço de morim branco
1 pemba branca
1 punhado de canjica cozida
2 velas brancas
Açúcar cristal
Canela em pó
Erva-doce
Patchouli em pó

Modo de fazer
Escreva o nome da pessoa oito vezes, a lápis, no papel, com o seu por cima, e coloque dentro do casco. Misture a canjica com os demais ingredientes. Encha o *ibi* com a mistura. Enrole o *ibi* no morim e enterre debaixo de uma árvore bem bonita, sem espinhos e que você tenha certeza de que não vão derrubar. Acenda as velas de forma unida e faça os seus pedidos a Oxalá.

OXALÁ

AMOR

PARA RECONQUISTAR A PESSOA AMADA

Ingredientes
1 colher de sopa
1 prato branco médio
2 rosas brancas, sem o caule
250 g de canjica
Açúcar cristal

Modo de fazer
Cozinhe a canjica na água com o açúcar cristal. Escorra e deixe esfriar. Escreva o nome da pessoa amada dezesseis vezes, a lápis, no papel branco. Escreva o seu por cima, formando um emaranhado. Coloque esse papel no prato. Molde um coração com a canjica que você cozinhou em cima do papel. Coloque as rosas em cima do coração. Leve a oferenda a um jardim limpo e faça o seu pedido a Oxalufã.

OXALÁ

AMOR

PARA ADOÇAR E AMARRAR O(A) AMADO(A)

Ingredientes
1 casal de bonecos feitos com pano branco
1 retrós de linha branca
1 tigela branca média
Açúcar cristal
Canjica branca

Modo de fazer
Cozinhe a canjica com açúcar cristal e deixe esfriar. Depois, pegue o casal de bonecos e escreva, a lápis, no boneco o nome da mulher e na boneca, o nome do homem. Em seguida, amarre-os com a linha branca e coloque no fundo da tigela. Cubra-os com a canjica. Arrie a tigela debaixo de uma árvore frondosa e faça os seus pedidos a Oxalá.

OXALÁ

PARA UNIR O CASAL EM MATRIMÔNIO

Ingredientes
1 folha de papel branco
1 par de alianças
1 pemba branca
1 tigela branca pequena
2 velas brancas
Algodão
Arroz cru
Açúcar cristal

Modo de fazer
Coloque dentro da tigela o nome da pessoa amada, escrito oito vezes, a lápis, no papel. Escreva o seu por cima, também oito vezes, formando um emaranhado. Por cima do papel, coloque um par de alianças (não precisam ser de ouro). Faça uma mistura com arroz, açúcar cristal e pemba branca ralada. Coloque por cima das alianças e dos nomes. Depois, cubra tudo com algodão. Leve a tigela a um campo aberto. Acenda ao lado duas velas unidas e peça a Oxalá a união ou casamento.

OXALÁ

AMOR

BANHO PARA ATRAIR A PESSOA AMADA

Ingredientes
1 rosa branca
500 ml de água
7 gotas de Água de Melissa
Sândalo em pó

Modo de fazer
Macere as pétalas de rosa branca em 500 ml de água. Pingue sete gotas de Água de Melissa e misture uma pitada de sândalo. Tome o seu banho normal e jogue a mistura do pescoço para baixo. Vista-se de azul claro e branco. Faça seus pedidos a Oxaguiã.

OXALÁ

PROTEÇÃO ESPIRITUAL

BANHO PARA AFASTAR A NEGATIVIDADE

Ingredientes
1 balde
1 l de água
1 pedaço pequeno de sabão de coco
8 folhas de saião
8 folhas de boldo
8 folhas de macassá

Modo de fazer
Macere as ervas em um balde com 1 litro de água. Esfregue-se com um pedaço pequeno de sabão de coco. Jogue o restinho do sabão no seu vaso sanitário e dê descarga. Em seguida, jogue o banho de folhas da cabeça aos pés. Vista-se de branco e faça os seus pedidos a Oxalá.

OXALÁ

TRABALHO E PROSPERIDADE

PARA ARRUMAR EMPREGO

Ingredientes
1 balde
16 folhas de macassá
16 folhas de manjericão
16 folhas de saião
16 folhas de tapete de oxalá

Modo de fazer
Macere as ervas no balde com cerca de um litro de água. Tome esse banho da cabeça aos pés. Vista-se de branco e faça seus pedidos a Oxalufã.

OXALÁ

TRABALHO E PROSPERIDADE

PARA ATRAIR SORTE E PROSPERIDADE

Ingredientes
1 saquinho feito com pano branco
16 moedas prateadas de mesmo valor
Arroz branco cru
Canjica branca crua
Sementes de girassol

Modo de fazer
Coloque todos os ingredientes no saquinho. Segure-o com a mão direita e faça seus pedidos. Pendure o saquinho atrás da sua porta de entrada ou carregue em sua bolsa. Caso tenha carro, coloque-o dentro do porta-luvas. Peça a Oxalá sorte e prosperidade.

OXALÁ

SAÚDE

BANHO PARA SAÚDE

Ingredientes
1 pedaço de sabão de coco
10 folhas de algodoeiro
10 folhas de macassá
10 folhas de saião
10 folhas de tapete-de-oxalá (boldo)
5 litros de água

Modo de fazer
Macere todas as ervas no balde com água até ficar verde. Tome o seu banho normal com sabão de coco, da cabeça aos pés. Jogue o restinho do sabão no seu vaso sanitário e dê descarga. Depois, jogue o banho de ervas, também da cabeça aos pés. Use roupas brancas e faça seus pedidos a Oxalá.

OXALÁ

SAÚDE

OFERENDA A OXALÁ PARA OBTER SAÚDE

Ingredientes
1 tigela de louça branca
1 vela
1 kg de canjica
Algodão
Açúcar cristal

Modo de fazer
Cozinhe e escorra a canjica. Guarde a água. Escreva o nome da pessoa dez vezes, a lápis, em um papel branco e coloque no meio da tigela. Cubra com a canjica. Polvilhe com açúcar cristal, fazendo os pedidos. Por último, cubra com algodão. Deixe a oferenda, em uma sexta-feira, em local alto. Acenda a vela e reforce os seus pedidos junto a Oxalá. Tome um banho com a água da canjica e vista branco.

OXALÁ

SAÚDE

PARA RECUPERAR A SAÚDE

Ingredientes
1 folha de papel branco
1 tigela branca
16 folhas de saião
Algodão
Açúcar cristal
Canjica

Modo de fazer
Cozinhe a canjica branca com açúcar cristal e deixe esfriar. Escreva o nome do doente dezesseis vezes, a lápis, num papel branco e coloque no fundo da tigela branca. Cubra o nome com a canjica e, por cima, coloque as folhas de saião. Cubra tudo com algodão. Arrie debaixo de uma árvore frondosa e peça a Oxalá para dar saúde àquela pessoa.

OXALÁ

SAÚDE

PARA TER SAÚDE

Ingredientes
1 colher de sopa de açúcar cristal
1 folha de papel branco
1 tigela branca média
500 g de canjica
Erva-doce

Modo de fazer
Cozinhe a canjica com o açúcar cristal. Escorra e deixe esfriar. Acrescente a erva doce à canjica e misture com a mão direita. Escreva o nome do doente dezesseis vezes, a lápis, em um papel branco. Coloque esse papel no fundo da tigela. Cubra-o com a canjica. Coloque por cima quatro folhas de saião em forma de cruz. Arrie a oferenda embaixo de uma árvore frondosa e sem espinhos. Faça seus pedidos a Oxalufã.

OXALÁ

SAÚDE

PARA AJUDAR NA RECUPERAÇÃO DE UMA PESSOA DOENTE

Ingredientes
1 copo
1 folha de papel branco
1 tigela branca
1 vela branca de sete horas
4 folhas de saião
Algodão
Açúcar cristal
Canjica

Modo de fazer
Escreva o nome do doente, dezesseis vezes, a lápis, em um papel branco. Coloque o papel no fundo da tigela. Cozinhe um pouco de canjica branca. Escorra e deixe esfriar. Misture a canjica com o açúcar cristal e cubra o papel. Enfeite com as folhas de saião em cruz. Envolva tudo em algodão. Coloque ao lado um copo com água filtrada e acenda uma vela branca de sete horas. Peça a Oxalá que ele tenha misericórdia daquele enfermo. Essa oferenda pode ser arriada dentro de casa, em cima de um móvel. Depois de três dias, despachar tudo debaixo de uma árvore bonita, sem espinhos.

MAGIA DAS ENTIDADES

CABOCLO

PARA CABOCLO AJUDAR A CASAR

Ingredientes
0,5 m de folha de bananeira
30 cm de fita verde fina
500 g de milho vermelho
1 punhado de açúcar cristal
1 roupa íntima sua
1 roupa íntima do (a) pretendente

Modo de fazer
Abra um buraco no chão e forre-o com a folha de bananeira. Amarre as roupas íntimas com a fita verde e coloque no fundo do buraco. Cubra a roupa com o milho vermelho cozido misturado com açúcar cristal. Cubra tudo com terra e sapateie em cima invocando um Caboclo de sua preferência.

CABOCLO

SAÚDE

Ingredientes
1 fruta pão
1 prato de papelão
Fumo de rolo
Mel de abelha

Modo de fazer
Corte a fruta pão em tiras e coloque num prato de papelão. Cubra a fruta com fumo de rolo desfiado, regue com mel de abelha e arrie na entrada de uma mata fazendo seus pedidos a um Caboclo de sua preferência.

BOIADEIRO

AMOR

PARA GAMAR

Ingredientes
1 abóbora-moranga
1 rapadura
1 retrós de linha verde
2 corações de galinha
Farinha de mandioca

Modo de fazer
Abra a abóbora fazendo uma tampa e retirando os caroços. Pegue os corações de galinha e amarre com uma fita verde e coloque no fundo da abóbora. Cubra tudo com uma farofa feita com rapadura ralada. Deixe aos pés de Boiadeiro ou num campo aberto, fazendo os seus pedidos.

BOIADEIRO

TRABALHO E PROSPERIDADE

PARA ATRAIR PROSPERIDADE

Ingredientes
1 panelinha de barro
1 punhado de milho vermelho
1 ímã
7 folhas de louro
7 moedas

Modo de fazer
Em uma noite de lua cheia, coloque, numa panelinha de barro, um punhado de milho vermelho com um ímã no meio, ladeado por sete moedas e sete folhas de louro. Invoque o Boiadeiro Navizala fazendo os seus pedidos e deixe a oferenda em um canto da casa por tempo indeterminado.

BOIADEIRO

TRABALHO E PROSPERIDADE

BANHO PARA SER FEITO ANTES DE UMA ENTREVISTA DE EMPREGO

Ingredientes
1 copo
1 folha de papel branco
1 litro de água limpa em um balde
1 pires virgem
1 vela pequena
Açúcar cristal
Folhas de abre-caminhos
Folhas de elevante
Folhas de macassá
Folhas de negra-mina
Folhas de saião
Folhas de vence-demanda

Modo de fazer
Lave as folhas. Esprema-as até sair o sumo. Tome banho normalmente, depois jogue a mistura da cabeça aos pés. Escreva o nome da empresa em que ambiciona conquistar uma vaga, a lápis, em um papel branco. Coloque no pires e polvilhe com açúcar cristal. Acenda a vela, com um copo de água, para o seu anjo da guarda, fazendo os seus pedidos ao Caboclo. Tente evitar usar roupas muito escuras no dia da entrevista.

TRANCA-RUAS

TRABALHO E PROSPERIDADE

ABERTURA DE CAMINHOS

Ingredientes
500 g de farinha de mesa
1 vidrinho de dendê
1 vidrinho de mel
1 prato de papelão
7 folhas de louro
1 bife de patinho
7 pimentas malaguetas
1 vela branca comum
1 charuto

Modo de fazer
Faça dois padês, sendo um de dendê e outro de mel de abelha. Coloque esses padês no prato de papelão e enfie nas bordas as sete folhas de louro. Tempere o bife com as pimentas malaguetas amassadas e coloque-o numa frigideira com dendê quente só para dourá-lo. Depois, coloque esse bife em cima do padê e arrie numa estrada de subida com uma vela comum acesa. Acenda o charuto e coloque em cima do bife, fazendo os seus pedidos.

TRANCA-RUAS

TRABALHO E PROSPERIDADE

PARA VENCER NA JUSTIÇA

Ingredientes
1 cebola branca grande e bonita
1 papel branco
30 cm de morim vermelho

Modo de fazer
Abra a cebola em duas bandas e coloque no meio o número do processo escrito à lápis num papel. Embrulhe essa cebola num morim vermelho e despache-a em uma rua próxima ao fórum no dia da audiência.

POMBAGIRA

PARA CONQUISTAR O SEU AMOR

Ingredientes
1 folha de papel branco
2 rosas vermelhas sem espinhos

Modo de fazer
Escreva o nome da pessoa que você deseja, a lápis, em uma tira de papel branco. Escreva o seu por cima, formando um emaranhado. Enrole a tira nas duas rosas. Coloque as rosas, com muito carinho, em uma encruzilhada. Ofereça-as à Pombagira e peça a ela que faça a pessoa se apaixonar por você.

POMBAGIRA

AMOR

PARA PRENDER A PESSOA AMADA

Ingredientes
1 champanhe
1 folha de papel branco
1 obi claro
1 prato de papelão
1 retrós de linha vermelha
2 pés de galinha
2 velas
7 rosas vermelhas sem espinhos
Açúcar cristal
Farinha de mandioca

Modo de fazer
Escreva o nome da pessoa amada, a lápis, no papel branco, sete vezes, e o seu por cima. Enrole o papel nos dois pés de galinha. Passe o retrós de linha em volta do papel, para amarrar. Coloque tudo no prato. Faça um padê de açúcar cristal (mistura feita de farinha de mesa com açúcar cristal). Cubra os pés de galinha com esse padê. Abra um obi em cima dessa obrigação. Arrie em uma encruzilhada, à noite, acendendo as velas de forma unida. Enfeite a oferenda com as flores. No final, regue em volta com o champanhe, pedindo à Pombagira para que a pessoa caminhe somente em sua direção.

POMBAGIRA

AMOR

PARA AMARRAR

Ingredientes
1 folha de papel vermelho
1 peça de roupa íntima da pessoa e outra sua
1 prato de papelão
2 rosas vermelhas sem espinhos
2 velas
Açúcar cristal
Canela em pó
Erva-doce
Fava de aridan ralada
Linha vermelha
Noz-moscada
Patchouli em pó

Modo de fazer
Coloque a peça da pessoa que deseja amarrar no prato. Escreva o nome da pessoa a lápis no papel e coloque em cima da peça. Por último, ponha a sua peça íntima por cima. Faça uma mistura com os pozinhos e cubra tudo. Polvilhe com açúcar cristal. Amarre as duas rosas com a linha e finque-as no meio do feitiço. Ofereça em uma encruzilhada. Acenda as velas de forma unida e faça os seus pedidos à Pombagira.

POMBAGIRA

AMOR

PARA APAIXONAR A PESSOA AMADA

Ingredientes
1 folha de papel vermelho
1 peça íntima da pessoa
1 peça íntima sua
2 corações de galinha
2 velas
Açúcar cristal

Modo de fazer
Escreva o nome da pessoa oito vezes, a lápis, no papel, e o seu nome por cima. Coloque açúcar cristal sobre os nomes. Embrulhe os corações nesse papel. Enrole em um lenço da pessoa e, por cima, envolva com uma outra peça íntima sua. Enterre debaixo de uma bananeira. Acenda as velas unidas sobre o feitiço e faça os seus pedidos à Pombagira.

POMBAGIRA

BANHO DE ATRAÇÃO

Ingredientes
1 folha de papel branco
1 rosa vermelha ou 1 cravo vermelho
7 gotas de seu perfume
7 lascas da casca de maçã vermelha
7 punhados de açúcar cristal

Modo de fazer
Escreva sete vezes, a lápis, o nome da pessoa amada no pedaço de papel branco. Separe as pétalas de rosa, caso queira atrair um homem, ou as pétalas do cravo, caso queira atrair uma mulher. Pegue um balde, ou um pote, com cerca de um litro de água, e coloque ali as pétalas e todos os ingredientes. Esfregue cada item na mão, como se estivesse lavando roupa, para que se desfaça na água. Enquanto estiver misturando os ingredientes à água, faça os seus pedidos ao Tranca-Ruas para atrair a mulher desejada ou à Pombagira para atrair o homem que você deseja. Coe o banho de atração. Após tomar o seu banho normal, jogue essa água do pescoço para baixo. Não seque o corpo, somente tire o excesso com a toalha. Despache as sobras em uma grama bonita e limpa, ou debaixo de uma árvore frondosa.

POMBAGIRA

AMOR

PARA UNIÃO

Ingredientes
0,5 m de fita azul-claro
1 casal de bonecos
1 cravo vermelho
1 panela de barro
1 rosa vermelha
2 velas
2 ímãs
Açúcar cristal
Canela em pó
Erva-doce
Noz-moscada ralada
Pemba rosa

Modo de fazer
Escreva o nome do homem na boneca. Escreva o nome da mulher no boneco. Amarre-os com a fita e coloque os dois no fundo da panela de barro. Faça uma mistura com os pozinhos e polvilhe por cima dos bonecos até os cobrir. Coloque o ímã por cima de tudo. Por último, finque a rosa e o cravo na mistura. Arrie em uma encruzilhada, distante de onde você mora. Faça os seus pedidos à Pombagira, junte uma vela à outra e as acenda.

PRETO-VELHO

PROTEÇÃO ESPIRITUAL

PARA LIMPEZA E PROTEÇÃO ESPIRITUAL

Ingredientes
Açúcar mascavo
Dandá-da-costa
Erva-doce
Folhas secas de negra-mina
Palha de cana
Pó de café

Modo de fazer
Defume a casa em uma segunda-feira, de dentro para fora, com pó de café e palha de cana. Depois, faça outro defumador, dessa vez de fora para dentro, com o restante dos ingredientes, pedindo proteção a um Preto-Velho de sua preferência.

PRETO VELHO

SAÚDE

PARA CURAR UM DOENTE

Ingredientes
1 tigela branca
250 g de canjica cozida
Doburu
Farinha de mandioca

Modo de fazer
Faça um mingau com a farinha e coloque na tigela com punhados de pipoca e de canjica por cima. Peça saúde a um Preto-Velho de sua preferência, em nome de Obaluaiê e Oxalá.

DICAS PARA CADA MÊS

JANEIRO
Para combater a ansiedade e o estresse que marcam o mês de janeiro, deve-se tomar um banho com manjericão e rosas brancas da cabeça aos pés. Depois, usar roupas claras, de preferência o branco, e pedir proteção a Oxaguian.

FEVEREIRO
Para obter a alegria de Exu e a proteção de Iemanjá, recomendo que, às segundas-feiras e aos sábados, você tome um banho de proteção, da cabeça aos pés, com as seguintes ervas: abre-caminhos, manjericão e saião. A seguir, vá a uma encruzilhada aberta com uma moeda de qualquer valor, rode-a sobre a cabeça, no sentido horário. Depois, despache-a em uma esquina da encruzilhada.

MARÇO
Para atrair sucesso e paixão, em um sábado pela manhã, antes de o sol nascer, triture um punhado de feijão fradinho, misturado com salsaparrilha, mentalizando seus pedidos. Depois, enterre aos pés de uma árvore bem bonita e faça seu pedido a Logun Edé.

Banho de atração
Macere em meio balde de água, pétalas de duas rosas amarelas com folhas de manjericão e colônia. Depois, coe e tome esse banho da cabeça aos pés. Vista uma peça de roupa amarela ou azul e faça seus pedidos a Logun Edé.

ABRIL

Para abrir os caminhos e conseguir emprego sob influência de Ogum, pegue três chaves (podem ser usadas) e três moedas e vá até uma beira de rua, no sentido da subida. Passe essas chaves no corpo todo, da cabeça aos pés. Em seguida, faça o mesmo com as moedas. Despache-as na beira da rua. Peça a Ogum para abrir todos os seus caminhos. Em casa, tome um banho de abre-caminhos e saião.

MAIO

Para ter uma lua de mel de puro amor e sedução, você vai precisar do seguinte: um quindim, uma tigela branca, 100 g de canjica, um punhado de açúcar cristal, noz-moscada ralada, um pedaço pequeno de papel de seda branco. Cozinhe e escorra a canjica, deixando-a esfriar. Escreva o nome da pessoa amada oito vezes, a lápis, no papel de seda. Escreva o seu nome por cima, também oito vezes, formando um emaranhado. Coloque o papel no fundo da tigela. Ponha o quindim em cima do papel. Misture noz-moscada e açúcar cristal com a canjica até ficar uniforme. Depois coloque a mistura dentro da tigela, de forma que cubra o quindim. Deixe a oferenda debaixo de uma árvore bem bonita e sem espinhos. Faça o seu pedido a Oxum e Oxaguian. Depois, é só aguardar a vitória. Axé!

JUNHO

Para não passar o dia dos namorados sozinho, conte com as vibrações de Santo Antônio. Compre uma oração de Santo

Antônio, um par de alianças (não precisam ser de ouro) e um metro de fita verde. Escreva o nome do seu amor, sete vezes, a lápis, em um pedaço de papel de seda. Escreva o seu por cima. Enrole as alianças nesse papel. Faça a oração de Santo Antônio e envolva tudo na fita verde. Guarde durante sete dias na sua gaveta de roupas íntimas. Depois, leve a uma igreja e deixe aos pés de Santo Antônio, fazendo os seus pedidos.

JULHO

Para nunca faltar dinheiro, cozinhe cerca de 250 g de milho vermelho com sete cravos-da-índia (sem a cabeça) e açúcar cristal. Coe o líquido e deixe esfriar. Tome um banho com a mistura, do pescoço para baixo, pedindo a Oxóssi que nunca lhe falte dinheiro. As sobras do que coou você pode despachar na porta de um banco.

AGOSTO

No mês de agosto, você pode usar branco e verde. O branco é uma das cores de Omolu, que fará você se sentir bem fisicamente, proporcionando-lhe paz, saúde e proteção. Já o verde é uma das cores de Oxumarê e lhe trará dinheiro, prosperidade e eliminará energias negativas.

Banho para saúde, sob a influência de Omolu
Macerar com as mãos, em um balde de cinco litros, as seguintes ervas: cana-do-brejo, saião e raiz-santa. Tomar o seu banho normal, com sabão de coco, da cabeça aos pés.

Depois jogar essa mistura do pescoço para baixo. Faça esse banho em uma segunda-feira. Vista-se de branco e faça os seus pedidos a Omolu.

SETEMBRO

No mês de setembro, para atrair a positividade de Logun Edé e Ibeji, deve-se usar azul-claro, amarelo e tons alegres. Se possível, evite o preto, o roxo e cores pesadas.

Para trazer alegria, paz e saúde, sob a vibração de Ibeji
Em um prato de papelão prateado, coloque três cocadas brancas, três marias-moles brancas, três suspiros brancos e uma porção de balas de coco. Ao lado, acenda três velas de aniversário e faça seus pedidos a Ibeji. Depois de três dias, despache tudo em um gramado.

OUTUBRO

No mês de outubro, você pode usar branco e azul-claro. O branco é a principal cor de Oxalá e fará com que você tenha paz e equilíbrio interior. Já o azul-claro, cor de Oxaguian, trará amor, alegrias e novidades.

Para que a família tenha paz e seja feliz, sob a influência de Oxalá
Compre um casal grande de pombos de louça branca e outros pequenos, conforme o número de filhos, e lave-os com folhas de macassá e pétalas de rosas brancas. Coloque os

pombos juntinhos em algum móvel de sua sala e peça a Oxalá paz e felicidade para seu lar.

NOVEMBRO

Mês que inspira a sabedoria e a espiritualidade de Nanã. Para obter proteção contra as vibrações negativas de eguns, deve-se usar roupas ou acessórios nas cores lilás, grená e branco. Para agradar a Nanã, corte um repolho roxo em tirinhas bem fininhas e refogue no azeite de oliva, com pedaços de toucinho. Coloque tudo numa folha grande de taioba e arrie próximo a um manguezal.

DEZEMBRO

O astral das *iabás* Iansã, Oxum e Iemanjá favorece a sensibilidade em dezembro. No mês em que se começa a planejar o ano seguinte, é bom agradar essas divindades que estão relacionadas com as águas: Iansã, com o temporal; Oxum, com os rios e as cachoeiras; e Iemanjá, com os mares. Deve-se pedir saúde, boa sorte e vitórias para o próximo ano. Coloque em uma mesa, forrada com uma toalha branca, uma cesta de vime com frutas variadas, como melão, uva, laranja, pera, maçã, morangos e figos. Ao lado, três taças de champanhe, então faça suas mentalizações para essas *iabás*.

ORAÇÕES

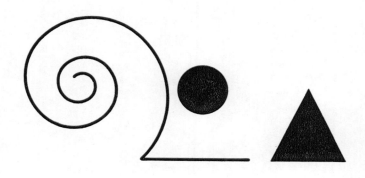

ORAÇÕES DOS ORIXÁS

EXU
Exu, Orixá que tem o poder de transportar todas as oferendas e pedidos, escuta o meu clamor. Eu te peço, Exu, que tu leves as minhas palavras em forma de oferenda a Olodumarê e aos Orixás. Que por meio da tua força, Deus e os Orixás se manifestem em minha vida e me concedam a orientação certeira para minha jornada. Que eu saiba controlar minhas atitudes para não prejudicar meu semelhante e que policie as minhas palavras para a ninguém magoar. Exu, tu és desde o começo de tudo. És aquele que faz o erro virar acerto e o acerto virar erro, então ajuda-me a não errar hoje e sempre!

OGUM
Ogum, guerreiro e desbravador dos caminhos, eu te peço que todas as lutas que apareçam em minha vida sejam por mim vencidas com o teu poder, e que todos os obstáculos dos caminhos sejam retirados com o poder da tua espada. Ogum, cerca-me de força e ânimo para o dia a dia e protege-me contra todo o mal hoje e sempre!

OXÓSSI
Oxóssi, dono das matas e senhor da caça, Orixá que nunca desamparou o povo de Ketu, não me desampares. Não me deixes faltar alimento e provento. Oxóssi, grande pai e arqueiro divino, que a tua flecha poderosa esteja sempre de prontidão contra todos os males que possam me atingir. Que tua lucidez de caçador conduza minha vida por todo o sempre!

OSSAIM

Ossaim, grande pai e dono das folhas. Permite que tuas folhas sejam alívio para meus sofrimentos e escudo contra as dificuldades. Que nenhuma feitiçaria atinja a mim e aos meus, pois o senhor é conhecedor de todos os feitiços e sabe como desfazê-los. Que, quando eu me banhar com o sumo de tuas folhas, ele adentre no meu corpo e se transforme no teu axé!

OBALUAIÊ / OMOLU

Omolu/Obaluaiê, grande dominador das doenças, não permitas que as mazelas do mundo cheguem em minha casa e ataquem o meu corpo. Senhor, dono da terra, que eu possa viver neste mundo protegido pelas tuas palhas sagradas que afugentam os males. Pai, vela sempre o meu sono, e me permite acordar saudável para ver a luz do sol a cada dia.

OXUMARÊ

Oxumarê, poderosa serpente da vida que anuncia as águas do céu, me permite viver em harmonia com minha família e amigos. Não deixes, grande serpente, que nenhuma pessoa à minha volta cometa contra mim injustiças ou me traia. Oxumarê, força que impulsiona o mundo, me impulsiona para o bem e para a felicidade.

OXUM

Oxum, mãezinha doce, que todos veneram, ajude as mulheres a gerarem seus filhos. Permite, ó Mãe, que toda gravidez seja saudável e revestida da tua proteção. Que cada mulher seja fértil e continue com a missão de dar à luz, enchendo o nosso mundo de bem-aventurança e vida. Mãe, proteja hoje e sempre as mamães e os seus bebês.

LOGUN EDÉ

Logun Edé, jovem caçador e pescador, conhecedor dos encantos, me envolve com tua beleza. Derrama sobre meu corpo a tua benevolência, para que todos que cheguem perto de mim se sintam bem e felizes. Peço-te que emane tua resplandecente luz e que tudo que eu quiser fazer seja coroado de muito sucesso.

XANGÔ

Xangô, grande rei e senhor da justiça. Orixá que recebeu de Olodumarê a incumbência do equilíbrio entre os deuses e os homens, ajuda-me a ser justo e não permitas que eu seja injustiçado. Neste momento de aflição, eu peço que o teu machado sagrado seja o instrumento que elimine este mal e o afaste de mim para todo o sempre.

IANSÃ

Salve a Mãe dos nove céus, Iansã, senhora dos ventos e tempestades, rainha da paixão! Não me deixes sofrer por amor. Que o sentimento por mim seja recíproco e verdadeiro. Que eu também proporcione amor, felicidade e não me afaste da lealdade. Mãe Iansã, abençoa a mim e aos que estão à minha volta hoje e sempre!

OBÁ

Obá, senhora da emoção, desperta em mim a virtude de ouvir as pessoas. Que eu saiba avaliar, não para julgar, mas, sim, para ajudar. Mãe, protege os meus ouvidos e me defende das palavras malditas. Que as minhas palavras despertem equilíbrio em quem ouvi-las, e que eu seja portador(a) de tua grande força!

EUÁ
Euá, mãe do fascínio e da visão. Ajuda-me a enxergar as belezas da vida, sem o engano dos meus olhos. Preenche o meu eu de intuição para que eu faça sempre o que é certo. Mãe das transformações, que tudo que for ruim à minha volta se transforme em êxito e beleza. Permite que o frescor de tuas nuvens arrefeça sempre a minha vida!

IEMANJÁ
Iemanjá, grande mãe e rainha de todas as águas! A senhora é considerada a mãe dos Orixás. E Orixá é família, por isso, minha mãe, protege a mim, meus amigos e a minha família. Não permitas que nada nem ninguém destrua o nosso companheirismo. Leva para o fundo do teu mar sagrado tudo que for negativo e traga boa sorte.

NANÃ
Nanã, senhora da sabedoria, grande ancestral do universo. Me proporciona inteligência para que eu possa saber a hora exata de parar ou prosseguir com minhas ações. Me direciona com a tua atenção nas veredas da vida. Que eu seja coberto por tua força espiritual e possa ter tua paciência e longevidade.

IROKO
Senhor do tempo, ouve o meu clamor! Grande pai da longevidade, concede-me a graça do teu axé, para que eu me fortaleça espiritualmente e tenha a resistência necessária para suportar as adversidades da vida. Que o teu poder de expansão me faça crescer no entendimento de que só o amor ao próximo me fará evoluir e cumprir com dignidade minha trajetória aqui na Terra. Grande Orixá Iroko, me protege hoje e sempre!

IBEJI

Ibeji, senhores da alegria, me proporcionai a alegria de viver. Que os problemas diários não apaguem do meu coração a grande chama da esperança e do amor. Peço a vós que o contentamento seja constante em minha vida, e que eu o irradie para todos que estiverem em minha volta por meio do olhar e do sorriso.

OXALA

Oxalá, senhor da paz e vida, eu te peço luz e tranquilidade para o meu dia a dia. Oxalá, meu pai, cobre-me com teu manto sagrado e afasta toda maldade de minha vida. Senhor do branco, permite que as pessoas sintam a tua presença em minha vida despertando nelas a benevolência e o amor.

ORAÇÕES DAS ENTIDADES

TRANCA-RUAS DE EMBARÉ

Exu,
Tu és luz no meu caminho.
Nós rogamos que nos proteja.
A tua capa, que esconde tudo que quiseres,
Que nos esconda dos nossos inimigos materiais e espirituais.
Ah, Exu Tranca-Ruas!
Grande mensageiro de Oxalá,
Não nos deixes sofrer.
Livra-nos dos invejosos, dos maldosos e dos falsos.
Vem sempre em nosso socorro,
Em qualquer lugar deste planeta de expiações.
Somos filhos de Oxalá,
Mas sempre diremos que temos outro Pai.
E esse Pai é o senhor,
Tranca-Ruas de Embaré!
Axé, Exu!
Axé, Axé e Axé!

Essa oração é para ser feita em momentos de desilusão ou de desespero, bem como para solicitar proteção espiritual contra inveja, olho-grande e qualquer outro tipo de negatividade. Serve também para momentos de aflição, para dar força e fortalecer a fé, para enfrentar os obstáculos e dificuldades.

POMBAGIRAS

Eu vos peço, Pombagiras, que vocês balancem as suas saias a meu favor. Me encham de encanto! Que todos que chegarem ao meu redor fiquem encantados e seduzidos. Que os meus caminhos sejam abertos e que nenhuma palavra maldita me atinja. Que as festeiras gargalhadas de vocês irradiem no meu sorriso e me tragam felicidade hoje e sempre. Salve lindas mulheres! Salve Pombagiras!

CABOCLO DE PENA

É na força de Oxóssi, senhor da floresta, que eu invoco os Caboclos de Pena. Guerreiros de Tupã, não me deixeis sofrer. Protegei-me com os teus bodoques, arcos e flechas. Que meu caminhar seja guiado pela luz que emana dos teus penachos. Que minha saúde seja guardada e minha vida preservada diante de qualquer perigo. Que nunca me falte o pão, o trabalho e o provento hoje e sempre. Salve a macaia! Salve a floresta! Salve todos os Caboclos e o juremá! Okê Caboclo!

CABOCLO BOIADEIRO

Caboclo Boiadeiro, salve a sua luz! Pai Caboclo, me dê forças na minha jornada! Assim como guias tua boiada, me guie e me direcione para as vitórias, fazendo-me vencer as batalhas e abrindo minha passagem nas cancelas, portas e porteiras da vida. Que o teu chicote afaste toda maldade e não me deixe cair no laço inimigo! Boiadeiro, que tua potente voz chegue aos céus em forma de brado e movimente todas as forças do bem a meu favor, hoje e sempre! Marrumbaxêtro Boiadeiro!

PRETOS VELHOS

Saravá, Pretos Velhos! Saravá, trabalhadores do bem! Elevo meu pensamento até vós e peço em nome de Deus Pai Todo Poderoso que interceda diante das minhas aflições! Poderosos espíritos purificados pelos sofrimentos terrenos, não me deixeis errar com meu semelhante. Que vocês possam sempre, por meio da infinita sabedoria vos dada por Deus, levar palavras de conforto aos nossos corações! Rogo também por todos os meus familiares, amigos e conhecidos do meu dia a dia. Que por meio dessa poderosa falange, que emana amor, todos possam receber as emanações de humildade, fraternidade e respeito. Gratidão por tudo, Pretos Velhos! Saravá! Adorei as Almas!

GLOSSÁRIO

ABEBÉ (*Abẹ̀bẹ̀*)
leque com a figura de um pássaro, no caso de Oxum, e com a figura de um peixe, no caso de Iemanjá.

ACAÇÁ (*Àkàsà*)
massa de milho branco enrolada na folha da bananeira.

ACARAJÉ (*Àkàràjẹ*)
oferenda de Iansã, bolinho de feijão fradinho, camarão seco e cebola ralada frito no dendê.

ADÁ (*Adá*)
espada.

ADABÍ (*Àdábí*)
toque sagrado ou ritmo litúrgico de Exu.

ADÊ (*Adé*)
coroa usada pelos reis e Orixás.

AFAÌYÀ
encanto, feitiço.

ÀGBÀDO PUPA LILÓ
oferenda de Iroko, milho vermelho picado.

ÀGẸ̀RẸ̀
toque sagrado ou ritmo litúrgico de Oxóssi, Ossaim e Iansã.

AIYÊ (*Àiyé*)
Terra, mundo.

ALUJÁ (*Àlùjá*)
toque sagrado ou ritmo litúrgico de Xangô.

AMALÁ (*Àmàlà*)
oferenda de Xangô e Obá, feito com quiabo temperado com cebola ralada e camarão seco no azeite de dendê.

ANAMÓ
oferenda de Oxumaré, batata-doce amassada em formato de cobra, regada com azeite de oliva.

ASA (*Asà*)
escudo.

ATORÍ (*Àtòrì*)
vareta.

AVAMUNHA ou HAMUNIA
toque sagrado ou ritmo litúrgico de Iroko.

AXOXÔ (*Aṣọsọ*)
oferenda de Oxóssi: milho vermelho cozido, enfeitado com lascas de coco.

BABALORIXÁ (*Bàbálórìṣà*)
pai de santo.

BESEN
vodun da nação Jese, que foi levado para terras dos iorubás, onde foi denominado Oxumarê.

BRAVUN
toque sagrado ou ritmo litúrgico de Oxumarê e Euá.

CARURU (BANTU)
oferenda de Ibeji, quiabo cortado e miúdos temperados com cebola ralada e camarão seco no azeite de dendê.

DAN (FON) ou **EJÒ** (IORUBÁ)
cobra, símbolo de Oxumarê.

DIBÔ (*Dibó*)
oferenda de Iemanjá que consiste em canjica cozida com cebola ralada e camarão seco.

DOBURU (*Doburú*)
oferenda de Obaluaiê e Omolu; pipocas estouradas no dendê, no azeite doce ou na areia da praia vendidas em lojas de artigos religiosos.

EBÓ (*Ẹbọ*)
oferenda ou sacrifício feito às divindades.

EBÔ (*Egbo*)
oferenda de Oxalá que consiste em canjica branca.

EFÓ (*Ẹ̀fọ́*)
oferenda para Nanã que consiste de taioba temperada com cebola e camarão no azeite de dendê.

EGUN (*Éegun*)
espírito.

FILÁ (*Fìlà* – IORUBÁ) ou **AZÊ** (*Aze* – FON)
capuz de palha da costa usado por Obaluaiê e Omolu.

FIO DE CONTAS
colar sagrado.

GIBÃO
colete de couro.

GONGÁ
altar na Umbanda.

GUIA
termo umbandista usado para a entidade ou o colar do umbandista.

IABÁ (*Àyaba*)
rainha.

IALORIXÁ (*Ìyálórìṣà*)
mãe de santo.

IBIRÍ (*Ìbírí*)
cetro de Nanã feito de talos de dendezeiro.

IDÁ (*Idá díẹ̀*)
espada pequena.

ÌGBÌN
toque sagrado ou ritmo litúrgico de Oxalá.

IGI IRIN
árvore em ferro de Ossaim, com um pássaro no alto.

IGI OPÓN FUNFUN
árvore gameleira branca.

IGI ÒRISÀ
árvore sagrada usada pelos Orixás para descerem a Terra.

ÌJẸ̀ṢÀ
toque sagrado ou ritmo litúrgico de Ossaim, Oxum, Logum Edé, Ibeji e Oxalá.

ÌLÙ
toque sagrado ou ritmo litúrgico de Iansã.

IRUQUERÊ (*Ìrùkéré*)
cetro pequeno com pelos de cauda de búfalo.

JIKÁ
toque sagrado ou ritmo litúrgico de Exu, Ogum, Obá e Iemanjá.

KALABÁ ou ÀDÓ (IORUBÁ)
cetro usado por Euá, formado por uma pequena cabaça enfeitada com tiras de ráfia.

MELADINHO
cachaça com mel.

MIRONGA (BANTU)
feitiço, magia.

OBÁ (*Ọba*)
rei

ỌBẸ FARÁ
tridente de Exu.

ODÔ (*Odó*)
pilão.

OFÁ (*Òfà*)
arco e flecha.

OGÓ (*Ógọ́*)
bastão que representa o sexo masculino.

ÒKÒ ÌKO ÈYÒ
lança enfeitada com palha da costa e búzios.

OLODUMARÊ / OLORUN (*Olódùmarè / Ọlọ́run*)
Deus.

OLÚWA TI ÀKÓKÓ
senhor do tempo.

OMOLOCUM (*Ọmọlókun*)
oferenda de Oxum que consiste em feijão fradinho cozido temperado com cebola ralada e camarão seco no azeite doce e enfeitado com ovos cozidos por cima.

OPÁ ÀKÀBÀ
bastão em forma de grelha.

OPAXORÔ (*Òpá Sóró*)
cajado de metal de Oxalá.

ỌPANIJẸ
toque sagrado ou ritmo litúrgico de Obaluaiê, Omulu, Iemanjá e Nanã.

ORUNMILÁ (*Òrúnmìlà*)
divindade do destino.

OXÊ (*Oṣé*)
machado usado por Xangô.

OYÁ IGBALÉ (*Ọya Ìgbàlè*)
uma das denominações de Iansã.

PADÊ (*Pàdé*)
oferenda de Exu que consiste em uma mistura feita de farinha de mesa com azeite de dendê ou azeite doce ou açúcar cristal ou água ou mel.

SAPATÁ (*Sakpata*)
Vodun da terra e controlador das doenças.

SATÓ
toque sagrado ou ritmo litúrgico de Nanã.

VODUN
divindade.

XAXARÁ (*Ṣàṣàrà*)
feixe feito de talos de dendezeiro, enfeitado com búzios.

XÉRE (*Ṣèrè*)
chocalho de Xangô.

SOBRE O AUTOR

PAI PAULO DE OXALÁ nasceu no Amazonas. Ainda menino, foi iniciado pelas mãos da Yalorixá Teresa Fomo de Oxalá, filha de Zezinho da Boa Viagem (1930-2011), um dos mais antigos Babalorixás da Nação Jeje-Marrin do Rio de Janeiro. É pesquisador da Cultura Afro-Brasileira e um dos Babalorixás mais respeitados e profundo conhecedor dos assuntos místicos da religião dos orixás. Além de ter ajudado a desmistificar o Candomblé em diversos meios de comunicação, Pai Paulo de Oxalá foi um dos primeiros a ter um site dedicado ao Candomblé no Brasil. Colaborou com o jornal *O Dia* e diversas revistas. Atualmente, é colunista dos jornais *Expresso* e *Extra*, onde oferece dicas simples, que podem ser seguidas por qualquer pessoa. Presta, também, consultoria para a editora Alto Astral, onde desenvolve no almanaque *Horoscopão* a relação dos orixás com os signos do zodíaco. Em outubro de 2019, recebeu a Medalha Pedro Ernesto, a maior honraria da Assembleia Legislativa do Estado do Rio de Janeiro.

www.paulodeoxala.com.br

Este livro foi composto nas tipologias
Palatino Linotype e Univers LT Std,
e impresso em papel offwhite no
Sistema Cameron da Divisão Gráfica
da Distribuidora Record.